James Redfield

Monty Joynes

Rückkehr nach Celestine

JAMES REDFIELD
MONTY JOYNES

Rückkehr nach Celestine

Die Erkenntnisse,
die Erfahrung,
der Film

Aus dem Amerikanischen übersetzt
von Thomas Görden

Allegria

Entweder verfallen wir der Angst vor dem Zusammenbruch der menschlichen Kultur, oder wir bleiben der Vision unseres spirituellen Erwachens treu.

Jeder von uns muss die Wahl treffen zwischen diesen beiden Zukunftswegen.

Inhalt

Vom Roman zum Film

Als *Die Prophezeiungen von Celestine* 1994 erstmalig im Verlag Warner Books erschien, entwickelte sich das Buch zu einem auch heute noch schier unglaublichen Erfolg. Der relativ kurze Roman war ursprünglich 1993 im Eigenverlag herausgegeben worden. James und Salle Redfield waren persönlich umhergereist, um das Buch über unabhängige, alternative Buchhandlungen zu vermarkten, vor allem im Süden der USA. Von den 3.000 Exemplaren der Erstauflage des Buches hatten sie über die Hälfte buchstäblich an jeden verschenkt, der bereit war, es zu lesen. Innerhalb weniger Monate sorgte eine rege Mund-zu-Mund-Propaganda für einen Nachdruck nach dem anderen, und noch ehe Warner die Rechte erwarb, hatten die Redfields über 100.000 Exemplare abgesetzt.

In den Jahren 1995 und 1996 war *Die Prophezeiungen von Celestine* international das meistverkaufte amerikanische Buch. Es hielt sich für mehr als drei Jahre auf der Bestsellerliste der *New York Times,* wurde in über vierzig Sprachen übersetzt und übte mit mehr als zwölf Millionen Exemplaren Gesamtauflage weltweit einen enormen Einfluss aus. Im Jahr 2000 führte die *New York Times* eine Leserbefragung durch, bei der die größten Bestseller aller Zeiten ermittelt werden sollten. Die Leser setzten *Die Prophezeiungen von Celestine* auf Platz Eins im Themenfeld Religion, Spiritualität und Philosophie.

Vom Toronto bis Melbourne, New York bis Hamburg, Cape Town bis Jakarta, San Diego bis Rio de Janeiro, Chicago bis Rom gibt es auf der ganzen Welt über hundert Städte, wo sich noch immer Menschen regelmäßig in organisierten Gruppen treffen, um über die Bedeutung der *Prophezeiungen von Celestine* für ihr Leben zu sprechen.

Im Anschluss an das weltweite Phänomen der *Prophezeiungen von Celestine* hat James Redfield seine Tätigkeit als visionärer Autor engagiert fortgesetzt und bis heute zehn weitere Bücher und zehn Hörbücher veröffentlicht. Seine Frau Salle Merrill Redfield hat zum gemeinsamen Werk der beiden mehrere Bücher und Kassetten zum Thema Meditation beigesteuert. *Die Zehnte Prophezeiung von Celestine*, der zweite Roman in der Celestine-Reihe erreichte 1996 Platz Zwei auf der *New York Times*-Bestsellerliste, und der dritte Roman – *Das Geheimnis von Shambhala* – erschien im November 1999. Die Weltauflage der Bücher von James Redfield in mehr als fünfzig Sprachen liegt inzwischen bei über zwanzig Millionen.

Angesichts des nie da gewesenen Erfolges dieses Romans war es nur eine Frage der Zeit, bis ein Hollywood-Produzent die Filmrechte erwerben würde, um – ja, was? – einen Actionfilm zu drehen? Es gab viele Angebote – Millionen Dollar schwere Angebote, bei denen James Redfield nichts weiter hätte tun müssen, als seine Unterschrift unter den Vertrag zu setzen. Doch seine Intuition riet ihm, dies alles auszuschlagen. Auf seiner Website erläuterte er seine Absicht: »Wir möchten, dass dieser Film in Einklang mit der Vision eines neuen spirituellen Bewusstseins steht, die ich in dem Roman zu beschreiben versuche.«

Bei der Realisierung des *Celestine*-Filmprojekts vertraute James auf die Synchronizität. Vom Verfassen des Drehbuchs über die Wahl der Co-Produzenten, vom Finden der Drehorte bis zum Casting, von den Dreharbeiten bis zur Vermarktung des fertigen Films, handelte James Redfield stets gemäß den *Celestine*-Erkenntnissen. Die Siebte Erkenntnis bot sich hierbei als ausgezeichnete Maxime an: »Entdeckt, dass intuitive Gedanken hier sind, um uns zu leiten. Und wenn wir ihnen folgen, erhöhen sie die Zahl der Synchronizitäten, die uns zur Erfüllung unserer Bestimmung hinführen.«

Jeder Film ist eine gemeinsame Anstrengung, doch wenn er im Bewusstsein der Menschen wirklich etwas bewirken soll, bedarf es der gezielten Konzentration und Absicht aller Beteiligten. Das Spiel der Darsteller und die Regie sind eine konzentrierte Suche nach authentischen Augenblicken, die sich mit der Kamera einfangen lassen. Solche Augenblicke heben die Distanz zwischen Schöpfung und Erfahrung auf. Sie überwinden Raum und Zeit, sodass die Bilder auf der Leinwand und die Emotionen der Zuschauer eins werden können. Ein guter Film ist jedoch viel mehr als ein Transportvehikel. Er weckt Anteilnahme und inspiriert. In welchem Maß das geschieht ist ein Gradmesser für die Bedeutung des Films und seine Macht, die Zeit zu überdauern und für spätere Generationen wichtig und aussagekräftig zu bleiben.

Doch am Anfang steht die Vision des Schriftstellers, des Autors. Erst durch sie wird das Gemeinschaftswerk Film überhaupt möglich. Im Fall von *Celestine – Der Film* blieb James Redfields Vision in vollem Umfang erhalten. Es wurden keine Kompromisse gemacht.

Während der gesamten cineastischen Reise stand stets sein Bestreben im Mittelpunkt, spirituelle Wahrheiten einem breiten Publikum zugänglich zu machen. Und das Produkt seiner Imagination wird nun auf der Kinoleinwand erlebbar.

Die Vision des Autors: James Redfield

Die Verfilmung der *Prophezeiungen von Celestine* erwies sich als langes und faszinierendes Abenteuer, das begonnen hatte, Jahre bevor das Drehbuch verfasst oder die Schauspieler gecastet wurden, und sogar schon – ob Sie das glauben oder nicht –, bevor der Roman selbst in Angriff genommen wurde. In Wahrheit drang mir die Geschichte zunächst in visueller Form ins Bewusstsein, als eine Reihe von Bildern, von dramatischen Szenen, die vor meinem inneren Auge abliefen wie Szenen aus einem Film.

Später, als ich diese inneren Bilder in tagebuchartiger Form zu Papier brachte, nahm das Buch nach und nach lebendige Gestalt an, zunächst nur für mich selbst, dann auch für immer mehr andere Menschen. Zwar könnte ich sagen, dass es auf meiner persönlichen Erfahrung beruht, aber ich habe nie viel Verdienst an dem beansprucht, was schließlich daraus wurde. Das Buch war ein Abenteuer, das ich zum Teil selbst erlebte, zum größeren Teil aber lediglich empfing und aufzeichnete. Auf irgendeine Weise sprach es universelle Seiten unserer Seele an, wieder zuerst für mich, und dann für nahezu alle Menschen, die sich, zu allen Zeiten, fragen, welchen Sinn unser Leben auf einer tieferen ontologischen Ebene hat.

Daraus einen Kinofilm machen zu wollen, erwies sich anfangs als Dilemma. Bilder waren die eine Sache, aber so viele Bilder, nun, das erschien unmöglich. Hollywood gab sich unerbittlich: Eine Filmfassung dieses Buches betrachtete man als nicht realisierbar. Es gäbe zu viele Ideen, zu viele Verbindungen in den Tiefen des Subtextes, zu viele lange, verschlungene Dialoge, die erst sehr spät einen Sinn ergäben, wenn alle Handlungsfäden zusammenflössen. Keine Chance, diesen Stoff innerhalb von zwei Stunden Film auf die Leinwand zu bringen, noch nicht einmal in drei Stunden. Vielleicht eine sechzehnstündige Mini-Serie fürs Fernsehen, hieß es.

Doch selbst dieses Genre erwies sich, aus anderen Gründen, als ungeeignet. So schwebten wir jahrelang in einem Niemandsland zwischen der Gewissheit, dieses Filmprojekt unbedingt verwirklichen zu wollen, andererseits aber ohne Idee, wie dies geschehen könnte. Doch dann endlich zeichnete sich eine Lösung ab. Wir mussten akzeptieren, dass die Parabel, die der Film erzählen sollte, anders sein würde als das Buch – mit einer komplizierteren, aber globaleren Bedeutung, eine Art Momentaufnahme der *Celestine*-Weltsicht, jedoch im Rahmen einer konventionellen Filmerzählung, die den Sehgewohnheiten der Kinobesucher entsprach, mit Anfang, Mittelteil und Schluss.

Das also war es, wozu wir uns schließlich entschlossen, oder besser ausgedrückt, das war es, wofür wir uns zu guter Letzt öffneten, sodass es geschehen konnte. Endlich konnte die Synchronizität ihre Wunder vollbringen, und am Ende kamen wir zur rechten Zeit mit all den Leuten zusammen, die wir zur Verwirklichung des Films brauchten: Geldgeber, Crew, Schauspieler, und sogar die richtigen »Versuchspersonen« für die ersten Testvorführungen.

Nun bleibt uns nur noch, auf den eigentlichen Test zu warten, nämlich, wie der Film beim Publikum ankommen wird, wenn er in die Kinos kommt. Dabei bitte ich Sie allerdings um eines: Bedenken Sie, dass die eigentliche Wirkung des Films sich entfalten wird, wenn Sie sich gefühlsmäßig auf das Erlebnis einlassen, anstatt lediglich analytisch darüber nachzudenken. Sie werden die Botschaft spüren – nicht so sehr mit Ihren Emotionen, sondern mit Ihrem Körper und Ihrer Seele: eine ferne, und doch seltsam vertraute Welt wird sich für Sie auftun. Wir können nur hoffen, dass diese Bilder – nennen wir Sie Archetypen, Ausblicke in einen höheren Bewusstheitszustand – wieder ihre Wirkung entfalten werden, ganz so wie bei den Leserinnen und Lesern der Bücher. Vielleicht werden wir jetzt sogar eine Realität wirklich begreifen, die wir vorher nur intuitiv erahnen konnten – eine Realität, die sich immer schon unmittelbar vor unseren Augen befand, nur einen Wimpernschlag entfernt – am Himmel, in den Bäumen, im Licht, das auf dem Gesicht eines Mitmenschen schimmert ... nur darauf wartend, dass wir uns innerlich für diese Sicht öffnen.

James Redfield

Produzent und Drehbuchautor

James Redfield interessiert sich schon sein ganzes Leben brennend für die Spiritualität der Menschheit. Er wuchs in einer ländlichen Gegend in Alabama auf. Seit früher Jugend strebte er nach spiritueller Erkenntnis. Die Atmosphäre in der methodistischen Kirchengemeinde, in der er aufwuchs, war zwar liebevoll und solidarisch, doch es frustrierte ihn, dass er dort keine Antworten auf seine Fragen zur wahren Natur der spirituellen Erfahrung erhielt.

Als junger Mann studierte Redfield östliche Philosophien, darunter Taoismus und Zen, während er gleichzeitig an der Auburn-Universität einen akademischen Abschluss in Soziologie erwarb. Später absolvierte er zusätzlich eine Therapeutenausbildung und arbeitete anschließend mehr als fünfzehn Jahre lang als Therapeut mit Menschen, die Opfer sexuellen Missbrauchs geworden waren.

In dieser Zeit kam er mit der Human-Potential-Bewegung in Kontakt und suchte dort nach Theorien bezüglich Intuition und Medialität, um seinen leidgeprüften Klienten besser helfen zu können.

Die Prophezeiungen von Celestine*, eine Abenteuer-Parabel über eine spirituelle Reise nach Peru, erschien 1994 erstmalig als Hardcover bei Warner Books. James Redfields Buch entwickelte sich schnell zu einem der größten Erfolge der modernen Verlagsgeschichte.* ***Die Prophezeiungen von Celestine*** *stand 1996 auf Platz Eins der internationalen Bestsellerliste (1995 auf Platz Zwei). 1995 und 1996 war es das weltweit erfolgreichste amerikanische Buch. Dieser phänomenale Roman stand über drei Jahre auf der Bestsellerliste der* ***New York Times****.*

James Redfield schrieb innerhalb der Celestine-Reihe zwei weitere Abenteuer-Erzählungen – ***Die Zehnte Prophezeiung von Celestine*** *und* ***Das Geheimnis von Shambhala****. Im Jahr 2002 veröffentlichte er zusammen mit Michael Murphy, dem*

Gründer des Esalen Institutes, und der Filmemacherin Sylvia Timbers das Sachbuch **Gott und die Evolution des Universums.**

Gemeinsam mit Barnet Bain schrieb James Redfield das Drehbuch für den **Celestine**-*Film.*

Giants

Die Vision des Produzenten: Barnet Bain

Das Leben, Ihres ebenso wie meines, ist im Wesentlichen eine spirituelle Reise, und zwar unabhängig davon, was wir als unseren Beruf oder unsere Pflicht ansehen. Als Filmproduzent habe ich herausgefunden, dass wir andere meist das lehren, was wir selbst besonders dringend lernen müssen. Mit unseren Entscheidungen und Plänen halten wir uns selbst den Spiegel vor. So offenbaren wir, wer und was wir sind. Die *Prophezeiungen von Celestine* sind ein Spiegel, der uns unser Potenzial und unsere Möglichkeiten zeigt. Und er zeigt uns die Hilfsmittel, mit denen wir uns selbst und die Gesellschaft insgesamt in die Lage versetzen können, unsere göttlichen Bestimmungen zu erfüllen.

Die Produktion eines Films ist in erster Linie Management, aber zugleich kann sie zu einer Bewusstseins-Reise von enormer Tragweite werden. Ist man bereit, sich in seinem Leben von spirituellen Kausalitäten leiten zu lassen, wird die komplexe Anstrengung des Filmemachens ganz von selbst zu einer spontanen und synchronistischen Erfahrung. Die individuellen Talente, die für ein solches Gemeinschaftsprodukt benötigt werden, finden zur rechten Zeit zueinander, sodass die kreative Vision konkrete physische Gestalt annehmen kann. Die gemeinsame Absicht aller Mitwirkenden erzeugt Harmonie, und so fühlen sich alle, die an dem Projekt arbeiten, auf besondere Weise gesegnet.

Was alle an der Produktion des *Celestine*-Films Beteiligten vereinte, war die heilige Absicht, der Botschaft von *Celestine* treu zu bleiben. Es gab keine individuellen Ziele, die dieses gemeinsame Ziel untergruben oder in Frage stellten. So war dieses Filmprojekt für uns alle eine echte Gemeinschaftserfahrung, und das Resultat, der fertige Film, schafft nun, durch das sehr machtvolle Medium Kino, eine Verbindung zwischen Ihnen, dem Publikum, und uns. Dadurch nehmen auch Sie an dem schöpferischen Prozess teil, denn es war von Anfang an unsere Absicht,

Ihnen zu dienen, mit Ihnen jene Wahrheit zu teilen, die wir alle heute vor allem anderen verstehen lernen müssen.

Diese Wahrheit lautet, dass wir nicht getrennt voneinander existieren. Wie einst Thomas Jefferson schrieb, wurden wir von unserem Schöpfer mit »bestimmten unveräußerlichen Rechten ausgestattet, zu denen Leben, Freiheit und das Streben nach Glück zählen«. Was Jefferson in der Amerikanischen Unabhängigkeitserklärung für den Bereich der Politik formulierte, gilt auch in der metaphysischen Dimension. Wir haben ein Recht auf Freiheit und Freude, aber möglicherweise haben wir durch unsere kulturelle Konditionierung den Schlüssel zu diesem Glück verloren. Deshalb benötigen wir neue Einsichten, um unser Gefühl des Getrenntseins zu überwinden, damit wir wieder Verbindung zu der göttlichen Energie aufnehmen können, die seit jeher unser Ursprung und unsere Stärke gewesen ist.

Meine Vision ist, dass wir in einem Universum aus grenzenloser Energie existieren, in dem liebevolle Beziehungen jederzeit möglich sind, wenn wir bereit sind, bewusst spirituelle Verbundenheit anzustreben.

Celestine – Der Film verfolgt eine zentrale Absicht: uns in Kontakt mit unserem höheren

Selbst zu bringen und in uns ein Bewusstsein für die uns alle verbindende Bestimmung der Menschheit zu wecken.

Barnet Bain

Produzent und Drehbuchautor

Barnet Bain hat sich als Produzent und Drehbuchautor den Ruf erworben, innovative schöpferische Projekte zu verwirklichen, die den menschlichen Geist feiern. Als Produzent zeichnet er verantwortlich für den 1998 mit einem Oskar prämierten Film ***Hinter dem Horizont,*** *der sich mit dem Leben nach dem Tod beschäftigt. Der von ihm produzierte Film* ***Homeless in Harvard: The Liz Murray Story*** *errang drei Emmy-Nominierungen sowie den Christopher Award für den Herausragenden Fernsehfilm des Jahres 2003. Barnet schrieb das Drehbuch für den Warner-Film* ***Jesus,*** *der* *weltweit in den Kinos läuft und in 848 Sprachen übersetzt wurde. Die* **New York Times** *schrieb, dass* **Jesus** *vermutlich der meistgesehene Film aller Zeiten ist. Zu Barnets weiteren herausragenden Produktionen gehört The* **Linda McCartney Story** *und* **Quantum Project***, der erste Hollywood-Film, der speziell für das Internet entwickelt und produziert wurde. Während der letzten zehn Jahre hat Barnet insgesamt zwölf Filme produziert.*

Salle Redfield – ausführende Produzentin

Ich erinnere mich noch gut an den Tag als James und ich beschlossen, uns ganz der Realisierung des *Celestine*-Films zu widmen. Es war ein kühler November-Nachmittag im Jahr 2003. Wir befanden uns gerade in Sedona, Arizona, auf Vortragstour. Wir saßen an einem offenen Kamin und sprachen darüber, wie unser Leben sich durch das Filmprojekt verändern würde und welche Opfer dafür nötig wären. Wir waren uns stets sicher, dass wir die volle kreative Kontrolle wollten, wenn *Die Prophezeiungen von Celestine* je verfilmt werden würde. Wir wussten, dass wir geduldig abwarten mussten, bis der richtige Moment gekommen war. Zwar hatten wir im Monat zuvor bereits ein Produktionsbüro in Studio City eröffnet, doch irgendetwas während unseres Gesprächs am Kamin bestärkte uns in unserer Entschlossenheit, den Film nun endlich Wirklichkeit werden zu lassen.

Zu diesem Zeitpunkt hatten James und Barnet Bain das Drehbuch geschrieben, größtenteils in unserem Haus in Alabama, und das Produktionsteam war startklar. Bald darauf begannen wir ernsthaft mit der Pre-Production-Phase.

Schnell stellten wir fest, dass Filmemachen ein Zwölfstunden-Job ist, und zwar an sieben Tagen in der Woche. Es ist faszinierend und erschöpfend zugleich, und es erstaunte uns immer wieder, was ein gut motiviertes Team von Kino-Profis täglich zu leisten vermag.

Eine der Erfahrungen aus der Anfangsphase, an die ich besonders gerne zurückdenke, war das Casting mit Andrea Stone, einer Casting-Expertin mit fünfundzwanzigjähriger Erfahrung im Filmgeschäft. Die Arbeit mit ihr erschien mir mitunter geradezu magisch, weil sie unsere Vision für den Film teilte, und sie widmete sich leidenschaftlich der Aufgabe, Schauspieler zu finden, die die richtigen emotionalen Voraussetzungen für dieses Projekt mitbrachten. Das war kein einfacher Job, und Andrea wendete eine Menge

James Redfield

James und Barnet – die Produzenten

Armand spielt Matthew eine Szene vor

Salle und James zusammen mit Matthew

Mit dem Helikopter auf der Suche
nach Drehorten in Costa Rica

Drehanweisung vom Kammermann

Sarah Wayne Callies
als Marjorie

Matthew Settle
als John Woodson

Annabeth Gish
als Julia

Thomas
Kretschmann
als Wil

Joaquim De Almeida
als Vater Sanchez

Rachel Erickson
als das kleine Mädchen

Hector Elizondo
als Kardinal Sebastian

Jürgen Prochnow
als Jensen

Gebets-Energie auf, um die richtigen Besetzungsentscheidungen zu treffen. Ich denke, dass ihre Intuition sich später bei den Dreharbeiten in jeder Hinsicht bestätigte.

Die Suche nach geeigneten Drehorten war ebenfalls überaus reizvoll. Als wir bei dieser Suche nach St. Augustine gelangten, kam mir wie zufällig eine Erinnerung in den Sinn. Vor Jahren, als ich mit meiner Mutter in Florida Urlaub machte, unternahmen wir von Jacksonville aus einen Tagesausflug nach St. Augustine. Dabei erzählte mir meine Mutter, dass es in Birmingham einen Mann gäbe, den ich unbedingt kennen lernen müsse. Sie sagte, er besuche bei ihnen die Kirche, mache einen sehr gescheiten Eindruck und sei der Typ Mann, von dem ich immer gesagt hätte, dass ich genau so jemanden heiraten wollte. Wie sich später herausstellte, war James dieser Mann. Nun, dreizehn Jahre danach, kamen wir zusammen nach St. Augustine, wo sich der Kreis schließen und mit der *Celestine*-Verfilmung einer unserer größten Träume in Erfüllung gehen würde. Das kam mit vor wie kosmischer Humor und Synchronizität in schönster Form.

Als Nächstes folgten die eigentlichen Dreharbeiten, die sich als eine der lohnendsten kreativen Erfahrungen meines Lebens erwiesen. In der ersten Woche standen mir mindestens einmal täglich Freudentränen in den Augen. Wenn die Schauspieler ihre Texte sprachen, schauten James und ich uns voller Erstaunen an, weil wir es kaum fassen konnten, dass da gerade ein Lebenstraum Wirklichkeit wurde. Ich bekam sogar feuchte Augen, als einer der Produktionsassistenten mir einen Regiestuhl reichte, dessen Lehne auf der Rückseite der Aufdruck *Die Prophezeiungen von Celestine* zierte, während vorne mein Name stand.

Während der gesamten Produktion beeindruckte es mich tief, wie sehr alle Mitwirkenden, von der Filmausstattung über die Garderobe zum technischen Dienst und den Kamerateams, sich bewusst waren, wie wichtig ihre Arbeit für den Erfolg des Films war. Alle wussten, wie sehr es darauf ankam, dass alles Nötige an seinem Platz war, weil nur dann die Schauspieler in der Lage sein würden, das Drehbuch mit Leben zu erfüllen. Ich selbst betrachtete es als meine Verantwortung am Set, Darsteller und Crew zu motivieren und zu inspirieren, gemäß dem Prinzip der Achten Erkenntnis. Anstatt ihnen ihre Energie zu stehlen, wollte ich Energie geben. Das war überwiegend eine schweigende Rolle. Alle anderen hatten weitaus aktivere Parts. Meine Funktion als ausführende Produzentin erstreckte sich in erster Linie auf die Phasen der Pre-Production und der Post-Production. Am Set war ich daher frei, das Geschehen einfach nur zu beobachten.

Am Ende eines jeden langen Drehtages mussten James und ich das gefilmte Material sichten und besprechen, und außerdem hatten wir uns noch um unsere Familie und sonstigen beruflichen Verpflichtungen zu kümmern. Ich musste den monatlichen Artikel für unseren Internet-Newsletter schreiben, Briefe mussten beantwortet und unsere Seminar-Organisation gemanagt werden. So bekamen wir nur wenig Schlaf und staunten über das Stehvermögen der Schauspieler und der Crew. Nachdem wir den ganzen Tag und bis in die Nacht hinein gearbeitet hatten, luden sie uns anschließend noch ein, mit ihnen auszugehen!

Es gab jemanden, der uns half, das alles im Griff zu behalten: unser langjähriger Freund und Geschäftspartner John Austin. Leider starb er plötzlich und unerwartet im Alter von nur fünfzig Jahren, während wir uns noch in der Post-Production befanden. John unterstützte uns bei den Dreharbeiten mit seinen einzigartigen Talenten, und das ganze Erlebnis des Filmemachens bereitete ihm großes Vergnügen. Er sagte oft, wie dankbar er sei, die Dreharbeiten miterleben zu können, und James und ich werden ihm ewig dankbar sein, dass wir dieses Abenteuer mit ihm teilen durften.

Während der Schneidearbeiten entwickelte ich eine sehr persönliche Beziehung zu unserem Film. Ich sah zu, wie Maysie Hoy bestimmte Aufnahmen zusammenschnitt, und weiß noch, wie James und Barnet sich Notizen zu der jeweiligen Szene machten. Oft dachte ich daran zurück, was für eine Herausforderung es gewesen war, aus James' Buch einen Film zu machen. Es war ein großes Privileg, dass ich ein Teil dieses Prozesses sein durfte, obwohl es für mich bei meinem ersten Produktionsjob so viel Neues zu lernen gab.

Abgesehen davon, dass dieser Film eine spannende Geschichte erzählt, glaube ich das *Celestine – Der Film* uns etwas Wertvolles zu sagen hat. Er hält wichtige Lektionen für uns bereit und ist von der gleichen inspirierenden Energie getragen wie das Buch. Ich kann nur hoffen, dass die Menschen, die sich den Film ansehen, auch etwas von der Liebe, Hingabe, Anstrengung und Entschlossenheit spüren, die alle Beteiligten in dieses Projekt investiert haben.

Und natürlich hoffe ich, dass sie sich nach dem Kinobesuch inspiriert fühlen und die Welt auf neue Weise betrachten werden.

Salle Redfield – Der ruhende Pol

Sie war von Anfang an dabei – damals, als sie sich in einen Psychologen verliebte, der ein Romanmanuskript mit sich herumtrug. Sie war dabei, als er das Manuskript überarbeitete, und später, als seine Ehefrau und Geschäftspartnerin, half sie mit, den Roman im Selbstverlag herauszubringen und über alternative Buchläden zu vermarkten. Sie hielt unerschütterlich an ihrer intuitiven Überzeugung fest, dass das Buch wichtig war, und so erlebte Salle Redfield schließlich den internationalen Bestseller-Erfolg ihres Mannes mit.

Wenn Salle und James gemeinsam auf Vortragsreise gehen, eröffnet Salle das Pro-

gramm mit einer geführten Meditation. Als man bei Warner Books, dem Verlag der ***Prophezeiungen von Celestine,*** *1995 eine von Salle Redfield geleitete Meditation erlebte, boten sie ihr einen Vertrag für ein Buch an, das zu einer wichtigen Informationsquelle für die Leser des Romans wurde –* ***Das Celestine Meditations-Handbuch.*** *Salles Artikel erscheinen auf www.celestinevision.com, der Website der* ***Prophezeiungen von Celestine.***

Im zwölften Jahr ihrer Ehe und Partnerschaft wurde Salles und James' Plan, ***Die Prophezeiungen von Celestine*** *aufwendig fürs Kino zu verfilmen, endlich Wirklichkeit. Während aller Phasen der Produktion hatte Salle entscheidenden Anteil an der Realisierung der gemeinsamen Vision. Vom ersten bis zum letzten Drehtag war sie zusammen mit James am Set anwesend, um darauf zu achten, dass die Verfilmung hundertprozentig der Botschaft von* ***Celestine*** *gerecht wurde. Und während rings um sie herum Schauspieler und Filmcrew ihrer anspruchsvollen Arbeit nachgingen, waren*

Salles strahlendes Lächeln und ihre zuversichtliche Ausstrahlung stets sichtbar und spürbar. Obwohl Salle Redfield mit ihrem manchmal etwas wilden blonden Haar noch sehr jugendlich wirkt, schlüpfte sie für die Film-Familie doch gerne in die Rolle der sanften und beschützenden Mutter. Dabei lag ihr stets das Ziel am Herzen, ***Celestine – Der Film*** *zu einer bewussten Reflexion über das Bahn brechende Buch ihres Mannes zu machen.*

Die Vision des Regisseurs: Armand Mastroianni

Barnet Bain brachte mir das Drehbuch von *Celestine – Der Film* zum Set eines anderen Films mit, an dem ich gerade arbeitete. Zweifellos ist bei unserer Zusammenarbeit die Synchronizität am Werk. Schon 1979 lernten wir uns kennen, als ich gerade meinen ersten Spielfilm gedreht hatte. Zwanzig Jahre später drehten wir für CBS zusammen die *Linda McCartney Story* – Barnet produzierte und ich führte Regie. Aus unserer professionellen Beziehung entwickelte sich eine Freundschaft, und wir waren fest entschlossen, in Zukunft weitere gemeinsame Projekte zu realisieren.

Nachdem ich das von James Redfield und Barnet verfasste Drehbuch gelesen hatte, stellte ich mir den Film als Liebesgeschichte vor – eine Story, in der es darum geht, sich in eine Philosophie zu verlieben. Der Film sollte auf keinen Fall irgendwie stilisiert oder mit Spezialeffekten überladen wirken. Die *Celestine*-Erkenntnisse sollten völlig im Mittelpunkt stehen. Sich einen Film anzuschauen ist anders als ein Buch zu lesen. Das Publikum kann den Film nicht zwischendrin anhalten, um über das soeben Gehörte nachzudenken. Daher war mir klar, dass für *Celestine – Der Film* Klarheit und Erzählrhythmus entscheidend sein würden. Zugleich musste die Inszenierung aber auch Anteilnahme wecken und visuell interessant sein. Das Geschehen auf der Leinwand sollte einen Bezug zum Leben der Zuschauer haben und die Dialoge auf keinen Fall belehrend wirken.

Als ich dann James kennen lernte, war ich von der Klarheit seiner Vision beeindruckt, und von da an wollte ich den Film unbedingt machen. Mitte der neunziger Jahre hatte ich das Buch selbst gelesen, und ich wusste um seine enorme Popularität. Ich war außerdem erstaunt, dass es nicht schon längst verfilmt worden war. Zwar hatte es diesbezügliche Angebote gegeben, aber James war seiner Philosophie treu geblieben und hatte geduldig abgewartet, bis alle nötigen Elemente und Menschen für einen Film, der genau seiner Vision entsprach, synchronistisch zueinander fanden.

Es war sehr, sehr hilfreich, mich mit James zusammenzusetzen, sorgfältig das Drehbuch durchzuarbeiten und alle diese *Celestine*-Erfahrungen – die Pulsschläge der Erzählung – wirklich zu verstehen, die er für unverzichtbar hielt. Das gilt vor allem für jene Momente der Einsicht und des Begreifens, von denen Millionen von Lesern erwarten würden, sie im Film wiederzufinden. Diese unmittelbaren Einblicke in James' Schöpfung erwiesen sich während einer zweiwöchigen Dialogprobe mit den Schauspielern als sehr nützlich. Diese Probenzeit, die bei Filmproduktionen heute selten geworden ist, ermöglichte es uns, die Schauspieler mit der *Celestine*-Philosophie vertraut zu machen. Ich fand es interessant, wie schnell sich alle Darsteller für die Ideale von *Celestine* öffneten. Sie begriffen rasch, worum es ging. Und ich glaube, jeder Schauspieler empfand es als wirkliches Privileg, dass James bei dieser Arbeit mitwirkte. So entstand gleich zu Anfang eine harmonische, gesunde und kreative Arbeitsatmosphäre.

Bei der Rollenbesetzung mussten wir die für die Geschichte so wesentlichen Beziehungsthemen angemessen berücksichtigen. Keine einzelne Rolle sollte die anderen überlagern und sich zu sehr in den Vordergrund drängen. Das Zusammenspiel der einzelnen Charaktere sollte sich auf synchronistische Weise entfalten. Ich möchte allen unseren Schauspielern zu ihren wundervollen darstellerischen Leistungen gratulieren, und ich möchte ihnen dafür danken, dass sie unseren Vorschlägen bezüglich der Gestaltung ihrer Rollen so aufgeschlossen gegenüberstanden. Jeder Schauspieler, jede Schauspielerin trug etwas Einzigartiges zum Film bei.

Matthew Settle hat die entscheidendste Rolle, weil sein Charakter die größte Entwicklung durchmacht. Zu Anfang ist er ein Skeptiker, und dann verliebt er sich in die *Celestine*-Philosophie. Seine Rolle musste so angelegt werden, dass seine innere Entwicklung für die Zuschauer nachvollziehbar war, und zwar bis zu jenem Moment der Epiphanie, wenn sein ganzes Leben sich für immer verändert. Matthew ist ein faszinierender und aggressiver Schauspieler. Mit »aggressiv« meine ich, dass seine Auseinandersetzung mit der Rolle sehr intensiv ist, was ich als Regisseur sehr schätze. Ich bin sehr stolz darauf, wie er mit seinem schauspielerischen Können den Weg vom Skeptizismus zur Erleuchtung gemeistert hat.

Sarah Wayne Callies bringt so viel Spontanität mit, und dann diese Augen – man kann sich in ihren Augen wirklich verlieren! Ich liebe die Szene, in der sie John Woodson (gespielt von Matthew) die Achte Erkenntnis offenbart. Dabei erleben wir, wie überzeugend sie den Übergang von intellektuellem Wissen zu einem tiefen Verstehen darzustellen vermag. Dabei sehen wir auf ihrem Gesicht völlige emotionale Akzeptanz. Sarah Wayne gelingt es in großartiger Weise, diesen wichtigen Augenblick in der Geschichte für die Zuschauer erlebbar zu machen.

Die von Annabeth Gish gespielte Julia hat die Reise bereits hinter sich, auf der Marjorie, gespielt von Sarah Wayne, sich befindet. Annabeth kam die Aufgabe zu, sehr viel Wissen weiterzugeben. Julia ist sehr zuversichtlich und ruht in ihrem Wissen um die Neun Erkenntnisse, das sie bereitwillig mit den anderen teilt. Annabeth war eine wirkliche Idealbesetzung für diese Rolle, weil sie eine so begabte Zuhörerin ist und in begnadeter Weise auf die Emotionen anderer zu reagieren versteht. In jeder Szene wird ihre große Intelligenz spürbar.

Wir hatten großes Glück, Thomas Kretschmann für die Rolle des Wil verpflichten zu können, der während eines Großteils des Films Matthews

Gefährte und Führer ist. Die beiden haben schon in einem früheren Film zusammen gespielt, kannten sich also bereits gut, worauf wir bei der Rollengestaltung aufbauen konnten. Thomas brachte seine große Offenheit und seinen sympathischen Charakter in die Rolle ein, was bewirkt, dass die Zuschauer ihm vertrauen und die Figur des Wil überzeugend finden. Wils Empathie mit John, die ihn dessen mutige Suche nach den Neun Erkenntnissen tatkräftig unterstützen lässt, wird von Thomas sehr gut dargestellt.

Durch Thomas, der Deutscher ist, und die anderen hochkarätigen Schauspieler, die wir gewinnen konnten, bekommt der Film einen wirklich internationalen Charakter. Joaquim De Almeida zum Beispiel ist Portugiese. Er hat schon viele beeindruckende Charaktere dargestellt, und dass er die Rolle des Vater Sanchez übernahm war ein großer Gewinn, denn er ist ein wirklich aufgeschlossener und engagierter Mensch. In unseren Film bringt er zudem eine Prise erfrischenden Humor hinein. Er hat ein Motorrad, an dem er herumbastelt, sodass er mehr ist als lediglich ein weiterer Engel auf Johns Weg zur Erleuchtung.

Jürgen Prochnows schauspielerische Leistung in Filmen wie *Das Boot* habe ich immer schon bewundert. Er hat es verstanden, der Figur des Jensen, dem Antagonisten des Films, Dimension und Tiefe zu verleihen. In der 1622 spielenden Prolog-Sequenz ist Jürgens wortlose Verkörperung des Konquistadoren-Anführers einfach großartig. Während der ganzen Szene zieht er magisch alle Blicke auf sich. Immer wenn Jensen im Film erscheint, gelingt es Jürgen, ihm eine geheimnisvolle Aura düsterer Gefährlichkeit zu verleihen.

Hector Elizondo ist ein guter Freund. Schon in einem frühen Stadium bot ich ihm die Rolle des peruanischen Kardinals Sebastian an, der fast ausschließlich Spanisch sprechen sollte. Er nahm das Angebot an, und es gibt nur eine einzige Szene – in Gegenwart des Amerikaners John –, in der er Englisch spricht. Hector hat sogar, als Hilfe für die anderen Darsteller, meine Regieanweisungen ins Spanische übersetzt, was ganz typisch für seine großzügige, fürsorgliche Natur ist. Hector ist ein wunderbarer Mensch und ein wunderbarer Schauspieler.

Als ich mit Kameramann Michael Givens die Bildsprache des Films entwickelte, war von Anfang an klar, dass ich ein Breitwandformat wünschte, um das *Celestine*-Projekt in seiner ganzen Dimension und Größe für die Zuschauer erfahrbar zu machen und die periphere Sicht zu ermöglichen, die unserem natürlichen visuellen Erleben entspricht. Michael sprach sich für eine warme Farbenpalette aus. Wir entschieden uns für das digitale Internegativ, weil sich dabei Bild für Bild die Farben kontrollieren und verbessern lassen. Mit Hilfe dieser Technik konnten wir die Grüntöne und die Blumen der natürlichen Umgebung farblich stimulieren, sodass sie die übersinnlichen Wahrnehmungen der Akteure widerspiegelten. Das sollte jedoch sehr subtil geschehen, damit die äußerliche realistische Wirkung des Films nicht beeinträchtigt wurde.

Barnet und Terry Collis kann ich gar nicht genug loben. Ihre Freundschaft war für mich sehr wichtig und unterstützend. Terry verstand es meisterhaft, Ausrüstung und Crew für eine qualitativ hochwertige Filmproduktion zur rechten Zeit am richtigen Ort zusammen zu bringen. Alle Produzenten, einschließlich Beverly Camhe, verstanden es, eine für mich überaus angenehme Arbeitsatmosphäre zu schaffen. Nie bekam ich bei diesem Projekt den Druck des »Nein, das ist leider völlig unmöglich«, zu spüren, der sonst bei Dreharbeiten mit engem Zeitplan fast ständig auf einemlastet.

Schon frühzeitig gaben James und Salle Redfield den Ton für unser Filmprojekt vor, indem sie uns alle dazu ermunterten, offen unsere Meinung zu äußern und durch Gespräche den kreativen Prozess in Schwung zu bringen. Die Anwesenheit der beiden am Set sorgte für eine einzigartige Harmonie. Alle Mitwirkenden – Schauspieler und Crew – waren hoch motiviert, und gemeinschaftlich gelang es uns, die richtigen Prioritäten zu setzen. Dabei ließen wir uns nicht durch Überflüssiges ablenken, durch allein vom Ego motivierte Probleme.

Salle bereicherte durch ihre strahlende Präsenz jede Phase der Dreharbeiten. Ihr inneres Licht und ihre Stärke trugen enorm zu diesen wunderbaren, innovativen Tagen bei.

Mir ging es stets darum, *Celestine* zu einer noch größeren Popularität zu verhelfen, die Neun Erkenntnisse einer neuen Generation von Kinogängern nahe zu bringen, die noch keines der Bücher gelesen hatten. Diesen Film sollte man als Phänomen würdigen und diskutieren, das in synchronistischem Bezug zu den wichtigsten Ereignissen unserer Zeit steht, von der persönlichen bis zur internationalen Ebene. Wir alle benötigen eine neue Sichtweise des wunderschönen Abenteuers, das Leben heißt. *Celestine – Der Film* hilft uns, unsere Perspektive zu erweitern, und öffnet uns Herz und Seele für diese neuen Vision und ihre Chancen.

Armand Mastroianni – Der Regisseur

Armand Mastroianni führt seit 25 Jahren Regie bei Spielfilmen für Kino und Fernsehen. Seine erste Regiearbeit, der Film ***He Knows You're Alone****, 1980 für MGM produziert, war zugleich das Leinwanddebüt von Tom Hanks. Dieser Film zog eine lange Reihe weiterer Regiearbeiten nach sich, darunter den zusammen mit William Friedkin entwickelten Film* ***The Killing Hour*** *sowie* ***The Supernaturals (Rebellen des Grauens)*** *mit den Raumschiff-Enterprise-Stars Nichelle Nichols und LeVar Burton.*

Zwischen seinen Spielfilmprojekten führte Mastroianni auch bei Fernsehserien Regie. Dazu zählen ***Dark Shadows, Ein Fall für Mac, Erben des Fluchs, Krieg der Welten, Die Staatsanwältin und der Cop, Ein Hauch von Himmel*** *und* ***Dead Zone****.*

Armand, der praktisch pausenlos arbeitet, hat bei mehreren TV-Miniserien Regie geführt, unter anderem bei ***The Ring*** *nach* *einer Romanvorlage von Danielle Steel und* ***Invasion*** *nach einer Vorlage von Robin Cook. Zu den von ihm für das Fernsehen inszenierten Spielfilmen gehören weiter* ***The Linda McCartney Story, Robin Cooks Virus*** *und* ***First Daughter,*** *den bislang erfolgreichsten für das Kabelfernsehen gedrehten Spielfilm.*

Unmittelbar vor den Dreharbeiten zum Celestine-Film inszenierte ***Armand Gone but Not Forgotten,*** *eine vierstündige Miniserie mit Brooke Shields und Scott Glenn nach einem Roman von Philip Margolin.*

CELESTINE PROPHECY
THE MOVIE

Wir kontrollieren unser Leben nicht wirklich, sondern spüren vielmehr den richtigen Fluss für unser Leben von irgendwo außerhalb unseres Selbst, und das Einzige, was diesen Fluss zunichte macht, ist, etwas, das uns widerfährt, negativ zu deuten. Wir erschaffen nicht das, was geschieht – Menschen sterben, Menschen werden krank. Aber, was wir selbst kreieren ist unsere Reaktion auf das, was geschieht und was wir an Positivem aus der Situation heraus, in der wir uns befinden, machen. Alles, was man vielleicht für negativ hält, birgt eine Lernkomponente, einen Silberstreif am Horizont mit dem Potenzial, uns in eine noch Erfüllendere Richtung zu lenken.

James Redfield

Die gemeinsame Vision

Jugendlich, dynamisch, charmant und liebenswürdig, das sind die Adjektive, die einem in den Sinn kommen, wenn man Armand Mastroianni begegnet. Dabei ist seine Intensität die eines Rat gebenden Vaters oder Bruders. Er zeigt die entscheidende Eigenschaft des guten Regisseurs – Geduld –, wenn er seine Schauspieler berät, um sie zur bestmöglichen darstellerischen Leistung hinzuführen.

Wenn jemand laut ruft »Ruhe, bitte! Action! Cut!«, so ist das der Erste Regieassistent Carl Ludwig. Carl ist groß (durch seinen Strohhut im Western Style wirkt er noch größer) und erteilt seine Anweisungen gut gelaunt und mit unverkennbarem österreichischen Akzent. Carl und der ernst und konzentriert wirkende Zweite

Regieassistent Jack Steinberg sind die ausführenden Satelliten von Armands Regieanweisungen. Wo sie laut sind, ist Armand leise und nachdenklich, bespricht die Erfordernisse einer Szene auf intime Weise mit den Schauspielern und der Crew.

Wenn gedreht wird, steht Armand meistens vor dem Monitor für die Kameras »A« und »B« und beobachtet konzentriert die Szene. Seine primäre Arbeit mit den Schauspielern, seinem Kameramann und den Regieassistenten ist dann bereits getan. Das Bild auf dem Monitor zeigt ihm, was er sehen muss, das, was das Kinopublikum später auf der Leinwand sehen wird, und, noch wichtiger, was es dabei empfinden wird.

Doch all diese technischen Abläufe des Filmemachens und auch die persönlichen Charakterzügen der Mitwirkenden treten zurück hinter den Ruf nach einer höheren Weisheit, dem Geist wirklicher Gemeinschaftsarbeit. Die *Prophezeiungen von Celestine* befassen sich mit spirituellem Wachstum und der Erforschung des menschlichen Bewusstseins, und diese Vision muss auch in der Produktion des Films sichtbar zum Ausdruck kommen.

Der Entstehungsprozess des Films, vom Schreiben des Drehbuchs bis zur Postproduction, soll die Realität eines Lebens in synchronistischer Harmonie feiern. Das spirituelle Erwachen in James Redfields Roman, das weltweit Millionen Menschen berührte, muss auch im Film spürbar werden, denn die Filmemacher lassen hier ihre inspiriertesten Träume sichtbar Gestalt annehmen. Hier bietet sich den Filmemachern und dem Publikum eine persönliche Gelegenheit, Spiritualität zu erfahren, und diese Erfahrungen sind zeitlich nicht voneinander getrennt.

Vielmehr kommen die Macher des Films und das Publikum zu einer gemeinsamen visionären Erfahrung zusammen, die alle diese individuellen Bewusstseine in einer Beziehung ohne Grenzen, ohne Einschränkungen vereint.

Armand ist ein Regisseur der Bewegung. Er versetzt seine Darsteller in Bewegung, um die Dramatik zu steigern und einen äußeren Ausdruck für die psycho-spirituelle Bewegung zu schaffen, die im Inneren stattfindet. Der Stil dieser Bewegung wird den Akteuren nicht aufgezwungen, sondern sie werden vom Regisseur zu expressiver Freiheit ermutigt. Wenn Armand einem Schauspieler Vorschläge für zusätzliche Einstellungen innerhalb einer Szene macht, wirken seine Regieanweisungen von weitem wie leise Einflüsterungen. Hinter der Kamera, wo die

Regiestühle vor den Monitoren stehen, fragt man sich, ob Regisseur Armand Mastroianni jemals laut wird. Und doch, wenn man ihn bei der Arbeit beobachtet, ist da eine offensichtliche Energie, die sich nur als Leidenschaft beschreiben lässt, aber diese Leidenschaft ist von zuversichtlicher, überschwänglicher Art, nicht schrill oder aggressiv. Armand ist ein Quell der Inspiration, eine wahrhaft großzügige Seele, und mit diesen Eigenschaften ist er auf synchronistische Weise der ideale Regisseur für die Verfilmung der Vision von *Celestine*.

Als Sarah Wayne Callies (als Marjorie) Matthew Settle (als John) sagt, was für eine Art von Beziehung sie sich wünscht, definiert sie damit für uns alle eine neue, spirituelle Form menschlichen Verhaltens, ein Verhalten, das weder unsicher noch kontrollierend ist – sei es zwischen Ehepaaren, frisch Verliebten, Eltern und Kindern, Freunden und Fremden – ein Verhalten, das kein Kampf um die Macht ist. Das ist James Redfields Achte Erkenntnis. »Statt anderen Energie zu *stehlen*, müsst ihr selbst Energie ausstrahlen – immer, in jeder Lebenslage.«

Wenn die Prophezeiung von *Celestine* sich erfüllt, wird Energie zu einem anderen Wort für Liebe. In dieser neuen Wirklichkeit, in der synchronistische Fügungen uns zu transformatorischen Erkenntnissen hinführen, können wir unsere wahre Natur, unser spirituelles Selbst, frei zum Ausdruck zu bringen. Diese glückliche Form der Erleuchtung ist, *Celestine* zufolge, das Ziel der gesamten menschlichen Evolution.

Der Film macht jene Regungen des Herzens sichtbar, die in all unseren Beziehungen der wahre Beweggrund sind. John Woodson, der Erzähler, unternimmt diese Reise stellvertretend für uns alle, und mit uns. Er entdeckt eine *Celestine*-Erkenntnis nach der anderen – ein Weg, den wir alle früher oder später gehen müssen –, bis er schließlich bereit für die Neunte Erkenntnis ist. Die Reise in diesem Film ist mehr als metaphysisch. Sie ist real, und für alle, die sie unternehmen, zutiefst transformatorisch.

Wer sich auf die spirituelle Reise einlassen möchte, um die es in den *Prophezeiungen von Celestine* geht, muss persönliche Ambitionen und Frustrationen hinter sich lassen. Das gilt für Kinopublikum und Filmteam gleichermaßen. Bei dieser Reise geht es nicht um unser gesellschaftlich konditioniertes Selbst. Die Idee des individuellen Selbst ist erdgebunden. Dieses Selbst kann sich nicht zu seinem wahren Potenzial aufschwingen, denn es ist von Natur aus begrenzt.

Das wahre Selbst, das Selbst, das mit der unendlichen Weisheit in Verbindung steht, ist grenzenlos. Wer sein wahres Selbst lebt, befindet sich daher in einem Zustand ständiger Meditation, in dem sogar scheinbare Konflikte synchronistische Prüfsteine zur Vermehrung von Weisheit und Schönheit sind. Das Versprechen, das uns die *Celestine*-Vision gibt, kennt man in der Metaphysik der nordamerikanischen Indianer als den »Weg der Schönheit«. *Celestine* verheißt uns, dass der Weg der Schönheit uns allen offensteht.

Regisseur Armand Mastroianni und die Drehbuchautoren und Co-Produzenten James Redfield und Barnet Bain haben in gegenseitigem Vertrauen getreulich jene Vision realisiert, aus der dann *Celestine – Der Film* wurde. Für das Zustandekommen dieses Projektes spielte die Synchronizität zwischen diesen Dreien die entscheidende Rolle. Dieses Triumvirat setzte die Energie frei, die bei allen Entscheidungen präsent war. Sie wachten über den Kontext, die Kugel aus visionärem Licht. Dadurch blieb die Integrität einer Botschaft gewahrt, die so viele Menschen auf der ganzen Welt berührt und inspiriert hat. Vermutlich konnten die drei Filmemacher der großen Verantwortung, die eine Verfilmung dieses Buches mit sich brachte, nur deshalb gerecht werden, weil sie selbst von den Neun Erkenntnissen tief beseelt und durchdrungen sind. Sie wussten, dass unser Leben nicht linear verläuft, sondern durch große, miteinander verwobene Dimensionen fließt, die uns jederzeit offen stehen, um jedes Unternehmen zum Erfolg zu führen, bei dem wir wirklich mit dem Herzen dabei sind. Eine solche Bewusstheit versetzt uns in die Lage, uns furchtlos auf das große Abenteuer zwischenmenschlicher Beziehungen einzulassen. Es versetzt uns ebenfalls in die Lage, spirituell anspruchsvolle und wahrhaftige Filme zu machen.

Die Erste Erkenntnis

In der menschlichen Kultur findet gegenwärtig ein neues spirituelles Erwachen statt, herbeigeführt von einer kritischen Masse von Individuen, die ihr Leben als eine spirituelle Entfaltung erfahren, als eine Reise, auf der wir von geheimnisvollen Fügungen gelenkt werden.

Die Erste Erkenntnis ist die Erkenntnis des Erwachens. Sie konzentriert sich auf die geheimnisvollen Fügungen, die im Leben jedes Menschen auftreten. Natürlich haben wir solche Fügungen seit Jahrhunderten als reine Zufälle und somit als bedeutungslos abgetan. Aber während wir über die spirituelle Dimension unserer Existenz nachsinnen und unser Bewusstsein öffnen, erleben wir zunehmend Phänomene, die sich nicht leugnen oder beiseite schieben lassen. Warum wachen wir zum Beispiel morgens mit dem Gedanken an einen alten Freund auf, nur um dann am selben Tag einen Anruf von genau diesem Freund zu erhalten?

Das Abenteuer beginnt

Ein junger Mann, der einst voll hoch gesteckter Erwartungen war, ist zutiefst vom Leben enttäuscht. Er glaubt, dass er als Lehrer an einer High School seine Zeit verschwendet, und gerade ist seine Beziehung zerbrochen. Deprimiert und ohne eine Idee, wie es weitergehen soll, steht John Woodson am Beginn seines Abenteuers der Selbst-Entdeckung. Dazu muss er lediglich auf seine Intuition hören und die synchronistischen Fügungen erkennen, die seinen Weg kreuzen.

Die Geschichte beginnt damit, dass John auf einem Flughafen »zufällig« eine Freundin trifft und von ihr zum Abendessen eingeladen wird. Diese Freundin, Charlene, hat das Gefühl, John unbedingt von einem Priester erzählen zu müssen, den sie in Peru getroffen hat, und von einer uralten Prophezeiung, die in einer abgelegenen Dschungel-Lodge namens Viciente erforscht wird. Charlene rät John, dass er selbst nach Peru gehen sollte.

John fährt in sein kleines Haus am See zurück und findet einen Reiseprospekt über Peru in der Post. Als er in dem Reisebüro anruft, macht man ihm ein unglaublich günstiges Angebot, allerdings gilt es nur, wenn er gleich am nächsten Tag einen frei gewordenen Platz im Flugzeug bucht. John fühlt sich erfasst von einer Bewegung, einer Energie, die sein Weltbild radikal verändern wird. Von diesem Moment an werden alle seine Träume, alle seine Handlungen und Interaktionen mit anderen Menschen zu einer Reihe von universellen Erkenntnissen hinführen – den *Prophezeiungen von Celestine*.

Der Prospekt kommt mit der Post – für John eine Fügung

Charlene erzählt John von den Prophezeiungen

Robyn Cohen als Charlene

Ein neues Glied in der Kette der Fügungen –
John trifft Professor Dabson

Vater José wartet vor seiner Kirche
auf die Sucher der Prophezeiungen

Washington Oak State Garden –
Drehort der Dschungelszenen

Will und John sprechen über die Prophezeiungen

Auf einer Bergstraße in Costa Rica

John und Marjorie führen ein Gespräch ohne Erfolg

Nun fließt die Energie wieder zwischen ihnen

Jensen warnt John vor den Gefahren eines Suchers

Viciente wird angegriffen und niedergebrannt

Die Prophezeiung, von der Charlene im Film John erzählt, lautet:

Wenn wir die wahre Verbindung zur Energie Gottes entdecken ... ist das wie ein Blick in die Zukunft. Eines Tages werden wir alle diesen Weg erkennen und in jener Welt leben.

Washington Oaks

Als Drehort für die im Film in Peru spielenden Dschungelszenen wählte man die Washington Oaks State Gardens in Florida, wo alte Eichen, Hickorybäume und Magnolien an die Küstensümpfe südlich von St. Augustine angrenzen. Ein Hügel aus Austernschalen oberhalb des Rosengartens ist eine Hinterlassenschaft der Indianer, die einst in diesem Gebiet Muscheln sammelten und jagten.

Die heutigen State Gardens gehörten früher zur Belle Vista Plantage der spanisch-stämmigen Familie des Generals Joseph Hernandez. 1936 wurden sie von Owen Young erworben, dem Vorstandsvorsitzenden von General Electric. 1964 vermachte seine Witwe das Gelände dem Staat Florida, um den Bestand der dortigen botanischen Wunder zu sichern.

Als die Gärten und Parkanlagen und die Gebäude für eine Woche von der Filmcrew genutzt wurden, achtete man sorgfältig darauf, die Natur nicht zu schädigen. Alle Mitglieder des Teams waren von der Schönheit dieses Ortes und seiner unverdorbenen Atmosphäre sehr beeindruckt. Tief im Netzwerk der unbefestigten Waldwege kam schnell das Gefühl auf, sich tatsächlich irgendwo im Dschungel von Peru zu befinden.

Während der Dreharbeiten für die Nachtszenen wirkte es ziemlich unheimlich, wie die knorrigen, fingerartigen Äste der alten Eichen hinter den Scheinwerfern im Zwielicht aufragten. Zwischen den Stämmen der Bäume breiteten Kohlpalmen ihre Fächer aus, und »Burly« Bob Welch, der Botanik-Spezialist, bahnte mit der Machete Wege durchs Dickicht, um den Schauspielern unerfreuliche Begegnungen mit Schlangen zu ersparen.

Etwas abseits vom eigentlichen Set wurde das Basislager der Crew eingerichtet, ein kleines Dorf auf Rädern, zu denen ein mobiles Schminkstudio gehörte, die rollende Garderobe, Wohnwagen für die Schauspieler und Crew-Mitglieder, der Catering-Wagen für die Hauptmahlzeiten sowie der *Grantham's Craft*-Servicewagen mit den Suppen, Sandwiches und Getränken für den kleinen Imbiss zwischendurch. Und dann, nicht zu vergessen, gab es da noch den »Honey wagon« mit Toiletten und Waschgelegenheiten.

Im Basislager diente ein großes Zelt mit Tischen, Stühlen und einem Büffettisch voller Getränke, Salate und Snacks als Cafeteria. An einem typischen Arbeits-Samstag war das Mittagessen für fünf Uhr nachmittags angesetzt. Alle freuten sich stets auf die Mittagspause, deren Uhrzeit davon abhing, wann die vorher geplanten Aufnahmen im Kasten waren. Chefkoch Jeff Gardner (von *Shooting Star Catering*) enttäuschte die heranstürmende hungrige Horde kein einziges Mal. Stets hielt er ein Menü mit drei zur Wahl stehenden Hauptgerichten – Rindfleisch, Huhn und Fisch – plus eine reichliche Auswahl an Gemüse und anderen Beilagen bereit, sodass für alle Ernährungsvorlieben etwas dabei war.

An einer anderen Straße in Washington Oaks parkten die Lastwagen und Anhänger mit der technischen Ausrüstung. Hier herrschte ebenfalls stets hektische Aktivität. Es gab einen Zehn-Tonnen-Hänger für die Aufnahmetechnik, einen weiteren Zehntonner für die Elektrik, einen Wagen für die Kameras, einen Sattelauflieger für die Spezialeffekte und einen für die Requisite, einen Zehntonner fürs Rigging, Tankwagen für Wasser und Treibstoff, Pickups und einen Transporter für die Filmautos. Die Karawane dieser rollenden Lagerhäuser musste jedesmal weiterziehen, wenn ein anderer Drehort auf dem Programm stand.

Im Produktionsbüro in St. Augustine vollbrachte die Produktionsleiterin Bobbie Collis täglich Wunder, stets bemüht, das Bedürfnis des Filmteams und der Produktionsfirma zu befriedigen. Bobbie und ihr Stab mieteten Drehorte, koordinierten alle erforderlichen Flüge und Fahrten, sorgten für die Unterbringung und kümmerten sich um alle administrativen Aufgaben, die schnell, am besten sofort zu erledigen waren. Dieses ganze kontrollierte Chaos bewältigte Bobbie mit so viel Effizienz, Herzenswärme und Humor, dass es an ein Wunder grenzte. Zu Bobbies vorherigen Filmjobs, auf die sie besonders stolz war, zählten *Thelma and Louise* und *Tombstone*. Auf den beiden Etagen des Produktionsbüros gab es Schreibtische und Arbeitsraum für mehr als zwanzig Personen, einschließlich Produktionsdesign, Schnitt und Garderobe.

Als James Redfield die Feng-Shui-Meisterin Katherine Lewis bat, für Harmonie in den Büros zu sorgen, stellte sie überrascht fest, dass Bobbie die Arbeitsplätze von Produzent, Autor, Regisseur und dem Rest des Produktionsteams bereits in perfekter Feng-Shui-Beziehung platziert hatte!

Und es gab weitere Beispiele für Synchronizität: Das für die Produktion angemietete Gebäude gehörte zuvor der Barnett-Bank. Nimmt man davon ein ‚t' weg, erhält man den Vornamen des Produzenten des Films, Barnet Bain.

An jenem langen Samstag hielt sich der Filmausstatter Jim Schoppe in Ocala auf, wo er den Aufbau der Celestine-Ruinen überwachte. Die Dreharbeiten dort sollten in zwei Wochen beginnen. Bis dann mussten die Kulissen unbedingt fertig sein. Jims Sohn Palmer, Ausstattungs-Assistent, blieb inzwischen am Drehort Washington Oaks, für den Fall, dass dort Probleme auftauchten.

James Mitchell, ein Berater für visuelle Effekte, und James Redfield arbeiteten unterdessen den ganzen Morgen im Produktionsbüro an der endgültigen optischen Gestaltung der Szenen, die in den Ruinen gedreht werden sollten. Die Arbeit am Drehbuch und die Entscheidung, was letztlich in den Film hinein sollte, war ein fortlaufender Prozess. Das erforderte von allen Beteiligten während der gesamten Dreharbeiten ständige Konzentration und den vollen Einsatz ihrer kreativen Energien. Schlafen, so wurde am Set gerne gescherzt, könne man im Juni, wenn der Film abgedreht sei.

Die Zweite Erkenntnis

Die zweite Erkenntnis stellt sich ein, wenn wir die historische Bedeutung unseres Erwachens begreifen. Wir sehen jetzt, dass wir jahrhundertelang in einem weltlichen Dornröschenschlaf versunken waren. Sobald uns «Celestine-Augenblicke» in unserem Leben bewusst werden, befinden wir uns in einem Prozess des Erwachens, der uns von der ausschließlichen Konzentration auf materielle Sicherheit und Bequemlichkeit wegführt.

In den letzten Jahrzehnten dieses Jahrhunderts hat dieses Weltbild, in dem für spirituelle Mysterien kein Platz mehr war, zunehmend Risse bekommen, und zwar gerade durch neue Erkenntnisse der Wissenschaft selbst. Wir begreifen die Zweite Erkenntnis, wenn wir die historische Entwicklung verstehen, die uns zu einer neuen geheimnisvolleren, spirituelleren Lebenssicht hinführt.

1622 AD.
EXT. RUINS -

Auf der Straße nach Viciente

Vor Washington Oaks als Hintergrundkulisse reisen John und Wil, sein Führer nach Viciente, auf einer selten befahrenen Straße, nachdem sie in Lima Feinden der *Prophezeiung* nur knapp entkommen sind. Will erzählt, wie er im Beisein Vater Josés die alten Schriftrollen entdeckte. Und er erwähnt Julia, die Übersetzerin, und Vater Sanchez, den Philosophen, die nach der fehlenden Neunten Erkenntnis suchen. Aber er verrät John noch nichts über den Inhalt der acht bereits entdeckten Schriftrollen.

«Ich könnte dir diese Erkenntnisse jetzt beschreiben, John. Doch das wären einfach nur Worte für dich ... du musst *mehr* tun, als nur die Worte hören. Du musst die Erkenntnisse selbst *erfahren. Die Prophezeiung muss sich für dich persönlich erfüllen.*«

Die Dritte Erkenntnis

Wir erkennen heute, dass wir nicht in einem materiellen Universum leben, sondern in einem Universum voll dynamischer Energie. Alles um uns herum ist ein Feld heiliger Energie, das wir spüren und intuitiv erfassen können. Außerdem können wir Menschen unsere Energie nach außen projizieren, indem wir unsere Aufmerksamkeit in die gewünschte Richtung lenken («Die Energie folgt der Aufmerksamkeit»). Dadurch beeinflussen wir andere Energiesysteme und erhöhen die Zahl bedeutsamer Fügungen in unserem Leben.

Allmählich öffnen wir uns dem wahren Mysterium dieses Universums. Wir leben in einem Universum aus dynamischen Energiefeldern, einem dynamischen Universum, das uns selbst mit einschließt. Wir sind komplizierte Energiesysteme, Felder, die weit über die Grenzen des physischen Körpers hinausreichen und andere Energiesysteme berühren und beeinflussen.

Costa Rica

Um Aufnahmen von einem durch eine Gebirgslandschaft rasenden Landrover zu drehen, flog ein 17-köpfiges zweites Kamerateam plus Regisseur Armand Mastroianni, den Produzenten James und Salle Redfield, Barnet Bain und Terry Collis, den Visualeffekt-Spezialisten John Nugent und Nick Brooks und den Produktionsleitern Darryl Beckerleg und Bobbie Collis nach Costa Rica zum Monteverde-Regenwald.

Monteverde ist ein beliebtes Ziel für viele Ökotouristen, weil dieser bislang weitgehend unberührte, in 1400 Metern Höhe gelegene Regenwald zu den außergewöhnlichsten Wildtier-Reservaten im tropischen Amerika zählt. Er beherbergt hundert Säugetierarten und vierhundert Vogelarten. Der Flughafen von San José ist ungefähr 190 Kilometer entfernt. Die Fahrt über unbefestigte Dschungelstraßen dauert drei bis vier Stunden.

Infolge von Regen und Nebel zogen sich die Dreharbeiten dort im August 2004 über eine Woche hin. Die Filmcrew wohnte in der Cloud Forest Lodge, deren Chef Wilberth Parajeles sich als so hilfreich und ortskundig erwies, dass er die Rolle des Drehort-Managers übernahm. Als Double für Matthew Settle fungierte Robert Pate. Die Visualeffekt-Künstler John und Nick schossen Aufnahmen des Regenwald-Blätterdachs, Detailaufnahmen der Vegetation und Panoramaaufnahmen der Berge, um damit bestimmte Filmsequenzen optisch aufzuwerten. Barnet brachte viel Zeit an Bord des Hubschraubers zu, um die Koordination zwischen dem Kamerateam in der Luft und der Bodencrew zu gewährleisten, während Armand mit dem Boden-Kamerateam im nassen Dschungel nach guten Drehorten suchte.

Vielleicht werden die Filmzuschauer sich fragen, wie vielen der hundert Säugetierarten die Crew begegnete. Und wie vielen Spinnen und Schlangen? Nichtsdestotrotz – alle sagten, die unberührte Natur sei einfach herrlich!

In der Viciente Lodge

Im Buch wird die Viciente Lodge als ein altes Anwesen aus dem neunzehnten Jahrhundert beschrieben, das sich früher im Besitz der spanischen katholischen Kirche befand. An diesem Ort, umgeben von üppigen tropischen Parkanlagen mit mächtigen alten Bäumen, treffen sich spirituell Suchende auf den Spuren der *Celestine*-Erkenntnisse und Wissenschaftler erforschen die Natur reiner Energie. Diese Energie ist »eindeutig durch menschliche Absichten und Erwartungen beeinflussbar, was in klarem Widerspruch zu unserem alten mechanistischen Modell des Universums steht«.

In James Redfields Buch stellt die Viciente Lodge einen Brennpunkt für die Erforschung jener komplexen Ideen dar, die durch die *Prophe-*

zeiungen von Celestine auf so brillante Weise einer breiten Leserschaft zugänglich gemacht wurden. Da viele Schlüsselszenen des Films in der Viciente Lodge spielen und weil die Millionen Leser des Buches ein deutliche Vorstellung von diesem bemerkenswerten Ort hatten, musste der Drehort mit allergrößter Sorgfalt ausgewählt werden.

Buchstäblich in letzter Minute, eine Stunde, bevor die Zelte in St. Augustine wieder abgebrochen werden sollten, entdeckte der Location-Manager Rick Ambrose das palastartige Anwesen von Fred und Lilly Vaill und zeigte es den Produzenten James und Salle, Armand, Barnet und Terry. Das einsam am Intracoastal Waterway in Florida gelegene Anwesen verfügt über ausgedehnte Parkanlagen, umgeben von ausgedehnten Eichen- und Kohlpalmenwäldern. So passte es wunderbar zu den Washington Oaks Gardens, die im Film die Rolle ist von klassischer Schönheit, fast wie ein Märchenschloss. Später erfuhren die Filmemacher, dass das Haus den Namen La Villa Bien Venidos trägt, das Haus der Gastfreundschaft.

Es wurde 1926 von Fred Vaills Vater erbaut, in der Erwartung, dass König Alfonso von Spanien eines Tages St. Augustine besuchen und bei

ihm zu Gast sein würde. Freds Vater hatte 1924 als einer von neun Gesandten den Sarg von Pedro Menéndez de Avilés, des ersten königlichen Gouverneurs von Florida, zur Umbettung nach Spanien begleitet. Dort war Fred Vaill senior vom spanischen König zum Ritter geschlagen worden. Doch der Beginn der Franco-Diktatur verhinderte den Staatsbesuch des Königs. Fred Vaill junior ließ 1972 drei zusätzliche Schlafzimmer und eine überdachte Veranda anbauen, um Platz für seine vier Kinder zu schaffen. Ein Teil des Grundbesitzes wurde einer gewerblichen Nutzung geöffnet, ein anderer Teil dem Staat Florida geschenkt und unter Naturschutz gestellt. Doch das eigentliche Anwesen befindet sich weiter im Besitz der Familie Vaill.

Das Vaill-Haus diente den Filmemachern drei Tage lang als ideale Verkörperung der Viciente Lodge. Es wurde Tag und Nacht gedreht. Eine Anfangsszene mit den zentralen Charakteren Wil und Julia weist auf die Methode hin, mit der die Neunte Erkenntnis gefunden werden kann, das Ziel aller ernsthaften spirituellen Sucher. Eine Szene mit Julia und John verdeutlicht das Wirken der Synchronizität bei den Begegnungen in der Lodge und darüber hinaus die Bedeutung unserer Träume als Wegweiser.

Eine Begegnung zwischen John und Majorie, bei der Julia als Beobachterin zugegen ist, wird genutzt, um den Kinobesuchern etwas wirklich Erstaunliches zu zeigen: Mit eigenen Augen sehen sie die Energiefelder, die bislang nur von besonders medial begabten Menschen wahrgenommen werden konnten. In dieser Szene dehnt sich Johns Energiefeld aus und saugt Majories Feld regelrecht an. John ist sich gar nicht bewusst, dass er Majories Energie auf diese aggressive Weise ausbeutet. Aber sie spürt es. Ihr Gesichtsausdruck verhärtet sich, sie weicht vor John zurück und geht davon. Nun weist Julia ihn darauf hin, was soeben geschehen ist.

«Es lag nicht an dem, was du zu ihr gesagt hast«, erklärt sie ihm, »sondern an dem, was du getan hast. Deine Energie vermittelte ihr das Gefühl, dass du Macht über sie auszuüben versuchst. Sie fühlte sich von dir dominiert.«

In seinem momentanen Erkenntnisstadium leugnet John sein unbewusstes Verhalten noch, und die Sache ist ihm peinlich. Als Publikum fühlen wir mit ihm und haben Verständnis für seine Fehler, weil wir alle schon erfahren haben, wie unbewusstes, auf früheren Konditionierungen beruhendes Verhalten in unserem Leben Zurückweisung und Isolation erzeugt. Wir sind in hohem

Maße emotional an Johns Suche beteiligt, an seinem Streben, ein einfühlsamerer, erfüllterer Mensch zu werden. Und wie im wirklichen Leben wissen wir, dass der Weg zur Selbsterkenntnis oft schwierig ist.

Johns Schwierigkeiten manifestieren sich als Angst. Ihre lebendige Verkörperung ist die Figur des Jensen, gespielt von Jürgen Prochnow, dessen grandiose Charakterdarstellungen als U-Boot-Kommandant im Film *Das Boot* und als Gegenspieler von Harrison Ford in *Air Force One* unvergesslich sind. So wie die Angst kann auch Jensen zugleich verführerisch und tödlich sein.

Der eindrucksvolle Pool der Vaill-Villa dient als Meditations-Pool der Viciente Lodge. Will und Julia spekulieren dort über Johns spirituelles Wachstum, und Julia sagt: »Ich denke, er wird das Ziel erreichen . . . allerdings nur, wenn er sich nicht zu sehr ablenken lässt.«

Eine dieser Ablenkungen ist die schöne Marjorie. Nach einer Dinner Party vor der Kulisse des Meditation Pools erstarrt sie spürbar, als John sich ihr nähert. Aber vorübergehend ist sein Verhalten frei von Eigeninteresse, und so reagiert sie positiv auf seine Authentizität. Doch während des Gesprächs verändert sich Johns Energie, und Marjorie spürt das sofort.

«Es ist doch seltsam, wie leicht wir in Gesellschaft bestimmter Menschen die Selbstkontrolle verlieren«, sagt sie und lässt John stehen. Marjories Verhalten ist nicht flatterhaft wie in einer romantischen Komödie. Vielmehr geht es darum, dass John lernen soll, die praktischen Implikationen der Neun Erkenntnisse zu verstehen, damit sie für ihn nicht bloß intellektuelle Ideen bleiben.

Später, in den Gärten von Viciente, versucht Julia, John klarzumachen, was in seiner Beziehung zu Marjorie vorgeht. Die Erkenntnis, die sie ihm vermittelt, gilt jedoch nicht nur für die Beziehung zwischen Mann und Frau, sondern ist universeller Natur.

«Die Menschen versuchen, andere zu kontrollieren und zu beherrschen, weil ihnen das ermöglicht, ihren Mitmenschen abzuziehen. Dadurch erhalten sie selbst einen Energieschub. Aber es ist gar nicht nötig, uns selbst zu stärken, indem wir anderen Energie stehlen. Es gibt eine andere, viel leichter zugängliche Quelle. Öffne dich einfach für die Möglichkeit, dass es überall genug Energie gibt. Sie ist genau hier vor deinen Augen.«

Im weiteren Verlauf des Filmdialogs führt der Autor, James Redfield, die Methode der Selbsterkenntnis näher aus. Er lässt Julia sagen: »Bitte darum. Erkläre deine Absicht, und erwarte, dass es geschieht. Das ist nicht neu. Es ist die wahre Erfahrung hinter aller Religion, etwas, das alle Menschen spüren, aber nur wenige wirklich entdecken. Es ist ein Prozess. Du musst lernen, wie man es macht. Sei einfach offen für das, was du siehst.«

Und in dieser Szene, die durch besondere visuelle Effekte untermalt wird, erhascht John tatsächlich einen ersten Ausblick auf das, worum es geht: Er sieht für einen Moment individuelle Energiefelder, aber dann verliert er diese Fähigkeit sofort wieder. Dennoch hat er nun den Schlüssel gefunden. Aber wie weit kann er auf diesem Weg gehen, ehe seine Angst ihm wieder in die Quere kommt?

In der nächsten Szene taucht Jensen in Viciente auf, um Johns spirituelles Wachstum zu vereiteln. Jeder spirituell Suchende hat seine Jensens. Sie versprechen ihm Befreiung von seinen Zweifeln und eine trügerische Sicherheit. Sie warnen vor Gefahren und bieten ihre falsche Freundschaft an. Sie sind Experten darin, uns unsere heilige Energie zu stehlen. In den *Prophezeiungen von Celestine* agiert Jensen als Verführer im Dienste von Mächten, die nach materieller und ideologischer Kontrolle streben. Die größte Angst dieser Mächte ist es, dass in einer erleuchteten Welt niemand mehr sie und ihre Institutionen der Machtausübung und Kontrolle brauchen wird.

Im weiteren Verlauf der Handlung wird Jensen General Mantez dazu anstiften, Viciente anzugreifen und diesen Treffpunkt der *Celestine*-Sucher niederzubrennen.

Die Vierte Erkenntnis

Viel zu oft schneiden wir uns von der größeren Quelle dieser Energie ab und fühlen uns deshalb schwach und unsicher. Um Energie zu erhalten manipulieren wir häufig andere Menschen, damit sie uns Aufmerksamkeit und somit Energie zukommen lassen. Wenn wir andere auf solche Weise dominieren, fühlen wir uns stärker und mächtiger, während die anderen dadurch geschwächt werden und sich deshalb oft gegen diesen Energieraub wehren. Wettstreit um knappe menschliche Energie ist die Ursache für alle menschlichen Konflikte.

Die große Leistung moderner Psychologen – Carl G. Jung, Otto Rank, Eric Newman und Eric Berne – bestand darin, dass sie aufzeigten, wie menschliches Verhalten durch sehr tief sitzende Unsicherheit motiviert wird. Wir fühlen uns allein und hoffen, Sicherheit zu erlangen, indem wir nach Anerkennung durch unsere Mitmenschen streben. Wir möchten das Gefühl haben, dass andere uns wegen unseres Wissens und unserer gesellschaftlichen Stellung respektieren, ja sich uns sogar unterordnen. Auf subtile Weise versuchen wir, diese Anerkennung zu erzwingen, indem wir die Gedanken und Meinungen der Menschen in unserer Umgebung kontrollieren.

Wir alle kennen diese Gefühle aus eigener Erfahrung. Allein fühlen wir uns oft ängstlich und besorgt, sind unsicher über unseren Wert und Status. Sind wir aber mit jemandem zusammen, der uns seine ganze Aufmerksamkeit schenkt, andächtig dem lauscht was wir zu sagen haben, dann spüren wir einen Kraftschub, fühlen uns getragen. Unsere Gedanken fließen dann mit großer Leichtigkeit und unser Selbstwertgefühl wird gestärkt. Dieses Gefühl ist motivierend und sehr verführerisch. Von Kind auf lernen wir, andere durch Täuschung und Zwang dazu zu bringen, dass sie sich unseren Wünschen und Meinungen unterwerfen. Auch haben wir alle schon erlebt, dass ein anderer Mensch versuchte, unser Selbstwertgefühl zu untergraben, um uns zu verwirren und zu erreichen, dass wir uns ihm unterwerfen. Wenn wir uns diesem Versuch widersetzten, sind oft schwer beizulegende Meinungsverschiedenheiten die Folge.

Diese negative Interaktion ist im zwischenmenschlichen Umgang allgemein verbreitet. Wir beginnen jedoch nach und nach, ihre energetischen Hintergründe zu begreifen. Wenn wir jemanden dazu zwingen, sich unserem Willen zu unterwerfen, saugen wir damit Energie aus dem Energiefeld der anderen Person ab, um so bei uns selbst einen Energieschub zu bewirken.

Aber heute wissen wir, dass es nicht notwendig ist, sich zusätzliche Energie von anderen Menschen zu stehlen. Es gibt eine andere Quelle, die uns jederzeit zur Verfügung steht: eine göttliche Quelle spiritueller Energie, aus der wir wirkliche Sicherheit schöpfen können.

St. Augustine als Lima, Peru

Für die Szenen des Films, die ihn Lima in Peru spielen, benötigten die Produzenten Gebäude mit geschmiedeten Eisentoren, Türmen, Kuppeln, Befestigungsmauern, spanischen Dachziegeln, Säulengängen, Loggias und anderen architektonischen Details einer vergangenen Epoche. All das fanden sie in St. Augustine, wo an einem einzigen Platz einer der eindrucksvollsten Gebäudekomplexe aus dem Amerika des späten neunzehnten Jahrhunderts steht. Das vollkommene Hotel Ponce de Leon (heute das Flagler College), das luxuriöse Alcazar Hotel (heute Lightner Museum) und das Casa Monica Hotel wurden alle 1888 eröffnet und sollten der Erfüllung von Henry Flaglers Vision dienen, aus der Ostküste Floridas eine amerikanische Riviera zu machen. Anschließend machte Flagler sich daran, die Eisenbahnstrecke der Florida East Coast Railroad von Jacksonville nach Key West zu bauen, und eine Kette von elf Luxushotels.

Das Ponce de Leon war das erste Hotel in Amerika, in dem eine Übernachtung stolze 100 Dollar kostete, und das Alcazar durfte sich des im Jahre 1888 größten Innenschwimmbeckens der Welt rühmen. 1999 wurde das Casa Monica von Richard Kessler wieder in seinem früheren Glanz restauriert. Dort wohnte das Filmteam während des Aufenthalts in St. Augustine.

Flagler College

Am 13. April bemächtige sich das Filmteam des Flagler Colleges, einem einzigartigen architektonischen Meisterwerk, von Henry Flagler einst als Hotel Ponce de Leon erbaut. Flagler, einer der Mitbegründer von Standard Oil, gilt buchstäblich als der Erfinder des Florida-Tourismus. Seine Schöpfung eines Hotels für die Reichen und Berühmten der Welt ist bis heute eines der herausragendsten Beispiele für spanisch-maurische Renaissance-Architektur. Für *Celestine – Der Film* bildete die restaurierte Empfangshalle des Colleges, in dem heute 2000 Studenten untergebracht sind, die perfekte Kulisse für die Auftritte des von Emmy-Preisträger Hector Elizondo verkörperten peruanischen Kardinals Sebastian.

Der so genannte große Rundbau des Colleges erhebt sich vierundzwanzig Meter hoch inmitten eines Waldes aus geschnitztem Holz und roten Marmorsäulen. Es gibt vier Arkaden und

Galerien auf drei Ebenen, was in seiner Großartigkeit einer Kathedrale aus dem sechzehnten Jahrhundert würdig wäre. In dieser Umgebung diskutieren Kardinal Sebastian und General Martez (gespielt von Petrus Antonius) die Bedrohung, die das *Celestine*-Manuskript für ihre gemeinsamen Interessen darstellt. Beide Männer fürchten das revolutionäre Gedankengut der Neun Erkenntnisse. Kardinal Sebastian verabschiedet sich von dem General auf einer breiten Treppe aus Marmor und mexikanischem Onyx, die von der zweiten Galerie hinunter zu den Marmormosaiken des Erdgeschosses führt.

In einer dramatischen Szene, die in einem Alkoven unterhalb der großen Kuppel gedreht wurde, verschließt sich Kardinal Sebastian der Argumentation von Vater Sanchez (gespielt von Joaquim De Almeida), dass die uralten Schriftrollen von *Celestine* nicht im Widerspruch zum Christentum oder irgendeiner anderen Religion stünden. Sanchez setzt sich für die Neun Erkenntnisse ein, die James Redfield in seinem Buch so inspirierend formuliert hat. »Das Manuskript als Ganzes«, so sagt Sanchez, »negiert nichts, sondern trägt dazu bei, die Wahrheit der Kirche klarer erkennbar zu machen. Die Neun Erkenntnisse erweitern unsere Spiritualität«, erklärt Sanchez. »Das Manuskript beschreibt die Inspiration, die wir erfahren, wenn wir einander wirklich lieben und nach spiritueller Entwicklung streben.«

Flagler-Studenten drängten sich auf den zum Speisesaal des College führenden Marmorstufen, um einen Blick auf die Dreharbeiten zu erhaschen, die über ihren Köpfen in den Kuppel-Galerien stattfanden. Die Buntglasfenster über der östlichern und westlichen Treppe sind originale Tiffany-Kreationen. Die Dreharbeiten zum *Celestine*-Film mögen für die Studenten lediglich eine kuriose Begebenheit am Rande gewesen sein, aber der eigentliche Nutzen für das College kommt im nächsten Schuljahr: Brian Thompson, der clevere PR-Direktor des College, handelte einen Deal aus, wonach im Gegenzug für die Drehgenehmigung James Redfield als Gastdozent auf den Campus zurückkehren wird.

BR·ACADALE AVE
PASSEY RD

Set-Dekoration im Government House

Die Requisiteurin Vera Mills nahm ihre Arbeit auf, sobald die Drehorte für den Film feststanden. Vera und ihr Assistent Norman Dulaney schauten sich mit Filmausstatter Jim Schoppe die Drehorte an. Schoppe besprach mit ihnen seine Vision, wie die Szenendekors gestaltet werden sollten. Bei der Dekoration der *Celestine*-Sets kamen Vera zwei Dinge zugute: Erstens hatte sie Redfields Buch gleich nach Erscheinen gelesen und zweitens hatte sie bereits bei einem großen Fernsehfilmprojekt mit Schoppe zusammengearbeitet.

Nachdem Jim und Vera sich über das generelle Aussehen der Kulissen klar geworden waren – immerhin gibt es im Film dreißig unterschiedliche Schauplätze – wurden zunächst Fotos von den einzelnen Sets gemacht. Dann ging Vera das Drehbuch Szene für Szene durch und stellte einen Masterplan auf, welche Dekorationsgegenstände sie jeweils benötigen würde. Das reichte von Perserteppichen über antike Möbel bis zu den passenden Zutaten im Büro eines Kardinals. Hierzu sind oft detaillierte Recherchen erforderlich und ein feines Gespür für Farben und die richtige Zusammenstellung. Gründliche Planung ist aber nur ein Element von Veras Genie. Das eigentliche Geheimnis besteht darin zu wissen, woher die Tausende von Gegenständen auf den Dekor-Listen sich beschaffen lassen. Nachdem ihr Plan für das Filmdekor und das nötige Budget genehmigt waren, begab sich Vera sofort auf Einkaufstour.

Während der Dreharbeiten war es die Aufgabe von Veras Assistent Norman, die Kulissenarbeiter zu dirigieren und sich um die Logistik zu kümmern, zu der immerhin drei große Lastwagen als rollende Requisitenkammern gehörten. Über jeden benötigten Gegenstand wurde genauestens Buch geführt. Geliehene Gegenstände wurden vor den Dreharbeiten fotografiert, und dann nach Gebrauch ein zweites Mal.

Die Set-Dekorateure mussten immer sehr früh am Drehort erscheinen. Der Arbeitstag von Vera und ihrem Team begann morgens um fünf Uhr. Am Dienstag, dem 13. April, mussten sie drei Innenschauplätze ausstatten, die sich alle im historischen Government House von St. Augustine befanden, dem einstigen Sitz des spanischen Gouverneurs. Dazu kam dann noch ein Außendrehort einen Häuserblock entfernt am Lightner-Museum. Dazu waren zwei der großen Lastwagen und Veras Büro-Van erforderlich. Zwei Szenen sollten in einem Raum im ältesten Teil des Gebäudes gedreht werden, der im Jahre 1706 errichtet wurde. Die eine Hälfte des Raumes wurde dafür in das Büro eines Generals verwandelt, während die andere Hälfte als peruanisches Hotelzimmer in Lima hergerichtet wurde, in dem John, die Hauptfigur des Films, übernachtet. Dazu war lediglich eine Veränderung der Kamera-Position nötig – ein einfallsreicher Trick von Profis, die es perfekt verstehen, die für ein Drehbuch notwendigen Szenen an so wenigen Drehorten wie möglich zu realisieren.

Am nächsten Morgen musste Vera dann auf die Filmnegativ-Berichte von Produktionsleiter Terry Collis warten, um zu erfahren, ob die Dreharbeiten an diesem Ort beendet waren. Erst danach konnte sie mit ihrem Team die Requisiten einsammeln und die gemieteten Drehorte wieder in deren ursprünglichen Zustand versetzen.

Die Tätigkeit der Requisiteurin erfordert am Set vermutlich das größte Improvisationstalent. Sie muss in der Lage sein, sofort auf die Wünsche des Regisseurs und des Filmausstatters zu reagieren. Und wenn eine Aufnahme wiederholt werden muss, ist es ihre Aufgabe, sich die Position aller im Bild sichtbaren Gegenstände genauestens einzuprägen. Flexibilität und Ausdauer, gepaart mit künstlerischem Gespür und Teamgeist sind für Veras Beruf die wichtigsten »Requisiten«.

Vera Mills hat bei fast zwanzig Kino- und Fernsehfilmen als Requisiteurin gearbeitet. Hinzu kommt ihre Mitarbeit bei der Ausstattung von Musikvideos und Werbespots.

Das Government House diente als Innenschauplatz für die Szenen im Polizeihauptquartier des Generals Martinez. Außerdem versucht Kardinal Sebastian hier, die *Celestine*-Schriftrollen unter seine Kontrolle zu bekommen. Und Jensen droht dem General, um diesen zu veranlassen, ihn bei der Vernichtung der *Prophezeiung* und der Menschen, die nach ihr suchen, zu unterstützen.

Pioniere in der spirituellen Landschaft

Die Stadt St. Augustine hat neben der Tatsache, dass ihre im spanischen Kolonialstil errichteten Gebäude sie Lima in Peru nicht unähnlich machen, auch noch einen starken metaphorischen Bezug zu den *Prophezeiungen von Celestine*. In St. Augustine nahm die Besiedelung Nordamerikas durch die Europäer ihren Anfang, denn die Niederlassung der Spanier in La Florida im Jahre 1565 ging der Ankunft der Engländer in Jamestown um 42 Jahre und der Landung der *Mayflower* in Plymouth um 55 Jahre voraus.

So, wie St. Augustine einen Neuanfang für die ersten europäischen Siedler bedeutete, stellen die Neun Erkenntnisse von *Celestine* einen

Eine realistische Auswahl der Schauplätze

In der Szene, wo bewaffnete Männer im Government House nach John suchen, war Jonzalo Delgado einer der drei Polizei-Komparsen. Jonzalo stammt aus Lima in Peru und arbeitet seit acht Jahren in den USA. Auf die Frage, wie groß die Übereinstimmungen zwischen dem Drehort St. Augustine und dem realen Lima sind, antwortete er: »Sehr groß. Die Vegetation ist die gleiche, und das gilt auch für die Kolonial-Architektur. Natürlich fehlen die Berge, außerdem ist St. Augustine sauberer und die Luftverschmutzung ist nicht so schlimm.«

Neuanfang für John Woodson dar, die Hauptfigur des Films. Auch er wagt sich in ein unbekanntes Land vor, aber das Neuland, das er erforscht, befindet sich im Bereich des Spirituellen. Die Menschen, die auf der Suche nach dem *Celestine*-Manuskript sind, entdecken kein neues Land, sondern eine neue Idee. Und die Zukunft der menschlichen Zivilisation, so heißt es in James Redfields Roman, hängt davon ab, dass wir diese Wahrheiten verstehen und allgemein verbreiten.

John, Will, Julia, Marjorie, Sanchez und Vater José spielen die zentrale Rolle bei diesem kühnen Versuch, das Menschssein in einer feindlichen Umwelt neu zu definieren. In vielerlei Hinsicht ähneln sie den spanischen Seefahrern, die nach neuen Welten suchten und bereit waren, dafür ihr Leben aufs Spiel zu setzen. Der Unterschied zwischen den *Celestine*-Suchern und den Staatsgründern besteht aber darin, dass die spirituellen Sucher keine Fahne vor sich her tragen und keine Vorherrschaft über Ländereien und Menschen anstreben. Die Sucher in *Die Prophezeiungen von Celestine* wollen kein Gold. Ihr Ziel ist nicht materiell, sondern spirituell. Sie wollen sich der Lebensenergie in allen Wesen und Dingen bewusst werden. Der Schatz, den sie finden, ist die Synchronizität einer intuitiven Lebensweise, bei der alles, was uns im Leben begegnet, einen Sinn hat, einer höheren Bestimmung dient – und die synchronistischen Fügungen auf unserem Weg hin zur Erfüllung dieser Bestimmung leiten uns und sind unsere Lehrmeister. Je mehr wir diese Schätze, die James Redfield als einen Fluss heiliger Energie betrachtet, erfahren und uns für sie öffnen, desto mehr werden sie ein fester Bestandteil unseres Lebens und bewirken letztlich eine Transformation unserer ganzen, problembeladenen Zivilisation, was wiederum eine Heilung des Planeten ermöglicht.

Durch den Roman und den *Celestine*-Film wendet sich Redfield direkt an uns, das Publikum. Er rät uns, ja fleht geradezu, dass wir endlich aufwachen und unser Potenzial als heilige Ausdrucksformen jener Energie erkennen sollen, die wir »Leben« nennen.

In *Die Prophezeiungen von Celestine* heißt es, dass die in den Schriftrollen aufgezeichnete Weisheit 7000 Jahre alt ist, dass aber die Kiste, in der die Schriftrollen in den alten Ruinen vergraben wurden, ungefähr aus dem Jahr 1600 n. Chr. stammt. Vertreter der katholischen Kirche haben sie vergraben, vielleicht Franziskaner, die sich dazu durch Papst Celestine (Coelestin) V. inspiriert fühlten. Redfield möchte anschaulich machen, dass man die Wahrheit nicht vergraben oder verbergen kann. Denen, die nach ihr suchen, wird die Wahrheit immer zugänglich sein. Redfield glaubt fest daran, dass die Hoffnung niemals stirbt. Nach Redfields Philosophie ist dieser Aphorismus durchaus kein Klischee.

Ropa Para
Jugetes Y

Die Altstadt von St. Augustine

Die dramatischen Szenen, die in den engen Straßen und Gassen der Altstadt von St. Augustine gedreht werden sollten, waren für den 15. und 16. April angesetzt, einen Donnerstag und einen Freitag. Am Mittwoch Abend erfuhr Regisseur Armand Mastroianni auf dem Set, dass sein alter Vater gestorben war. Dennoch beendete Armand den Drehtag wie geplant. Am nächsten Morgen flog er dann zu seiner Familie. Produzent/Produktionsleiter Terry Collis und Co-Drehbuchautor Barnet Bain übernahmen solange die Regie.

Die schmale, ganz im Kolonialstil bebaute Aviles Street wurde von der Requisiteurin Vera Mills in einen peruanischen Marktplatz verwandelt. Die Verwandlung war vollkommen: die Altstadtgeschäfte erhielten peruanische Schilder. Es gab peruanische Plakate und Flaggen und elf

Verkaufsstände mit Marktkarren und den passenden Waren: Obst und Gemüse, Brot und Süßigkeiten, Kürbisse, Inca Cola, schwarze Bohnen, indianischen Schmuck, und sogar Fußbälle. Es gab Lichterketten, Korbstühle für die alten Leute auf den Bürgersteigen, Stroh und Abfälle auf der Straße. Diese Szenerie wurde dann mit einer großen Gruppe kostümierter Statisten bevölkert, die eigens wegen ihres besonders peruanischen Aussehens gecastet worden waren.

Wegen der großen Zahl der beteiligten örtlichen Geschäfte, Anwohner und historischen Stätten war eine gute Kooperation und Koordination vor Ort entscheidend. Doch wieder einmal machte sich das Wirken der Synchronizität positiv bemerkbar. Sechs Monate zuvor hatten die Anwohner und Geschäftsleute der Aviles Street die Old Town Association gegründet. So konnten die Location-Manager mit diesem Verein verhandeln, statt mühsam von Haus zu Haus ziehen zu müssen.

Und welche Kompensation erwarteten die Mitglieder der Old Town Association? Auch hier zeigte sich, dass ihre Wünsche synchronistisch mit der Filmproduktion harmonierten. Die Old Town Association wollte gerne einen Bereich an der Bravo Lane zwischen der Aviles und der

Charlotte Street restaurieren, wo sich der älteste spanische Brunnen in der Stadt befindet. Dieses Gelände hatte sich für Archäologen als wahre Fundgrube erwiesen, und nun, nachdem die Ausgrabungen beendet waren, wollten die Leute von der Association hier rings um den Brunnen einen kleinen Park mit Bänken anlegen, eine Oase der Ruhe. Man bat die *Celestine*-Produzenten, dieses Projekt mit einer Spende zu unterstützen. Dieser Vorschlag wurde gerne aufgenommen, und so gibt es inzwischen in der Altstadt von St. Augustine einen weiteren Anziehungspunkt – den Coquina Well Park, an dem ein Schild auf die finanzielle Unterstützung durch die Macher von *Celestine – Der Film* hinweist.

Harmonie am Set

Während der Nachtaufnahmen in den Straßen um das Flightner-Museum in St. Augustine sorgte ein uniformierter Polizist für die Verkehrsregelung und die allgemeine Sicherheit. Er zeigte sich sehr interessiert an dem Celestine-Projekt und wollte wissen, worum es in dem Film ging. Er fragte deshalb nach, weil er zuvor schon an zwei anderen Filmsets Dienst getan hatte, wo es unter den Filmcrews jeweils lautstarke Auseinandersetzungen und Streit gegeben hatte. Da ihm die im Vergleich dazu sehr harmonische, kollegiale Atmosphäre am Set von Celestine – Der Film auffiel, wollte er Näheres erfahren. Wodurch unterschied sich dieses Filmprojekt von den anderen? Die Antwort lag in der Mission dieses Films. Als der Polizist von dieser Mission erfuhr, war er sich sichtlich erfreut.

Julia hilft John die Kraft
seiner psychogenetischen Energie
zu fühlen und zu sehen

Flagler College

Kardinal Sebastian erörtert mit General Martez
das Problem mit den Schriftrollen der Prophezeiungen

Sie sprechen über die Sucher

Der General wird von Jensen bedroht

Die Sucher – ihr Ziel ist spirituell

John auf der Flucht vor der Polizei

Auch Jensen
sucht nach John

Die Tempel-Ruinen

Verfolgungsjagd und Rettung

In der Gasse hinter Wils Wohnung in Lima heult plötzlich die Sirene eines Polizeiautos auf. Es ist John, der gesucht und verfolgt wird. Er flieht in die Gasse, und im Roman heißt es, dass sich eine Tür öffnet und Wil ihn nach drinnen zieht, in Sicherheit. Es ist ihre erste Begegnung.

In einer Nebengasse der Aviles Street dient ein dunkler Torbogen als Türersatz. Die visuelle Gestaltung der Szene wurde von den Gegebenheiten vor Ort diktiert. Der Regisseur musste in dieser Nacht das Beste aus den Möglichkeiten des Drehortes machen und die Gestaltung der Aufnahmen improvisieren. Die filmische Umsetzung eines Drehbuchs ist immer ein spontaner

Prozess, bei dem plötzliche Änderungen und kreative Intuition eine große Rolle spielen. Das Arbeitstempo ist hoch, was allen Beteiligten das Äußerste abverlangt. Filmemachen ist kein Job für Entscheidungsschwache.

Die Sechste Erkenntnis

Haben wir einmal den Kontakt zu der göttlichen Energiequelle in uns hergestellt, spüren wir sehr deutlich jede Unterbrechung dieses Kontaktes. Unterbrechungen treten im Allgemeinen auf, wenn wir unter Stress stehen, wenn wir ängstlich sind und glauben, wir müssten das Verhalten unserer Mitmenschen kontrollieren.

Solche Momente sind eine gute Gelegenheit herauszufinden, auf welche Weise wir andere zu kontrollieren versuchen, welche «Kontroll-Dramen», wie ich es genannt habe, wir aufführen. Wenn wir zum Beispiel andere zu kontrollieren versuchen, indem wir ihnen Schuldgefühle einreden, weil sie angeblich nicht genug für uns getan haben, spielen wir die Rolle des «armen Ich». In diesem Fall gewinnen wir Energie, sobald die anderen sich auf diesen «Schuld-Trip» einlassen und uns ihre Aufmerksamkeit widmen.

Wir können andere auch auf eine etwas passivere Weise zu kontrollieren versuchen, indem wir in die Rolle des distanzierten, geheimnisvollen und unverbindlichen «Unnahbaren» schlüpfen. Dabei hoffen wir, Aufmerksamkeit und somit Energie zu erlangen, indem wir andere dazu bringen, uns hinterherzulaufen, um hinter das Geheimnis unserer Distanziertheit zu kommen.

Wenn wir uns unser «Kontroll-Drama» bewusst gemacht haben und in Kontakt mit unserer inneren Energiequelle bleiben, sind wir imstande, uns und unser Leben einer ehrlicheren Betrachtung zu unterziehen. Zuerst erkennen wir dann, wie die besondere Dynamik in unserem Elternhaus unser «Kontroll-Drama» verstärkte und zu Machtkämpfen zwischen einzelnen Familienmitgliedern führte. Dann können wir über jene Kämpfe hinausgehen, um den spirituellen Sinn unserer Kindheitserfahrungen zu entdecken.

Drehort Ocala

Das Drehbuch verlangte einen abgelegenen tropischen Regenwald in einer Berglandschaft. Terry Collis' Suche nach einem passenden Drehort führte das Team zu stillgelegten Kalksteinbrüchen in der Nähe der Stadt Ocala. Dort verbrachten die Location-Spezialisten vier Tage damit, sich ihren Weg durch dichtes Unterholz zu bahnen, um sich einen Kalksteinbruch nach dem anderen anzuschauen. Später wurde ein besonders geeignet erscheinender Steinbruch von Regisseur Armand Mastroianni, den Drehbuchautoren und Produzenten James Redfield und Barnet Bain und der ausführenden Produzentin Salle Redfield persönlich in Augenschein genommen.

Der Entscheidungsprozess nahm insgesamt sieben Monate in Anspruch, sodass man die Bäume des Waldes mit und ohne Laub hatte sehen können und die zwanzig Meter hohen Kalksteinklippen bei Gewittern ebenso wie in hellem

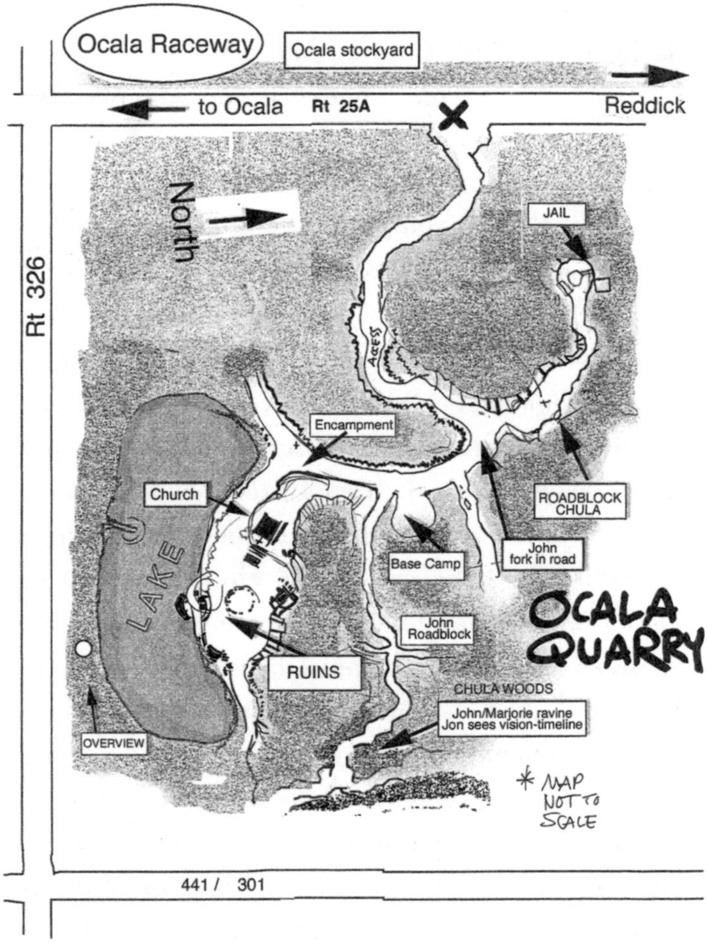
Ocala Raceway
Ocala stockyard
to Ocala
Rt 25A
Reddick
Rt 326
North
JAIL
ACCESS
Encampment
Church
LAKE
ROADBLOCK CHULA
Base Camp
John fork in road
OCALA QUARRY
John Roadblock
RUINS
CHULA WOODS
John/Marjorie ravine
Jon sees vision-timeline
OVERVIEW
* MAP NOT TO SCALE
441 / 301

Sonnenschein zu bewundern gewesen waren. Zu dem Gelände gehörten außerdem ein Baggersee und eine tiefe Höhle voller Fledermäuse.

Nachdem die Entscheidung gefällt war, das Steinbruchgelände zu mieten, mussten die Filmemacher zunächst ein Netzwerk von Zufahrtsstraßen anlegen, einen großen Schuttabladeplatz leer räumen und einen hohen Sicherheitszaun errichten. Aber die Mühe lohnte sich. Man verfügte nun über eine großartige Landschaftskulisse, die sich zu vertretbaren Kosten niemals künstlich hätte herstellen lassen.

Wenn man sich mit dem Wagen dem Drehort im Steinbruch nähert, muss man zunächst eine holprige unbefestigte Zufahrtsstraße bewältigen, die sich bergauf und bergab durch dichtes Unterholz windet, bis plötzlich eine schroffe Kalksteinwand von der Höhe eines sechsstöckigen Hauses vor einem aufragt. Man sieht, dass der Kalkstein weiße Muscheln enthält, denn dieser Ort lag einst am Meeresgrund. Nachdem man eine Art Tor zwischen hohen Felsen durchquert hat, gelangt man zu einer kleinen Waldlichtung – einem menschengemachten Oval inmitten einer breiten Felsschlucht. Die Bäume oben auf den Felswänden lassen nur spärliches Sonnenlicht durch. Befinden wir uns in Florida oder in den Bergwäldern von Peru?

MITCHEL

Wenn du achtsam bleibst, wirst du bemerken, wie bestimmte Ideen und Bilder in deinem Geist auftauchen. Sie sind da, um dir als innere Wegweiser zu dienen. Folge ihnen, dann wird die Zahl der synchronistischen Fügungen in deinem Leben zunehmen. Der Energiefluss wird für dich spürbar, erlebbar. Du selbst wirst ein Teil dieses Flusses.

Es war die Aufgabe des Filmausstatters Jim Schoppe, eine Steinbruch-Landschaft im Regenwald in ein realistisches Filmset zu verwandeln. Seine Kulissenbauer hatten zwei Monate Zeit, um ein Gefangenenlager zu errichten, eine authentisch wirkende spanische Kapelle aus dem siebzehnten Jahrhundert sowie Maya-Tempelruinen mit einer Plaza, die groß genug sein musste, um Kampfszenen mit berittenen Conquistadors ebenso wie mit modernen Soldaten zu ermöglichen. Die Kulissen wurden aufwendig gestaltet, unter anderem mit einem riesigen freistehenden Säulenbogen, einem steinernen Zeremonienaltar, Steinblöcken groß wie Autos, der verfallenen Ruine eines zweistöckigen Tempels und einer Reihe mächtiger, hoch in dem Himmel ragender antiker Säulen, die sich inmitten des halbmondförmigen Sees erhoben, der sich durch aufsteigendes Grundwasser in dem Steinbruch gebildet hatte. Alle diese Kulissen mussten mit realistischen Verwitterungsspuren und Pflanzenüberwuchs ausgestattet werden, um eine möglichst natürliche Wirkung zu erzeugen.

Im Film gibt es eine Prolog-Sequenz, die das Publikum zurück in jene Zeit führt, als ein einfacher Land-Priester in den Ruinen aus den Schriftrollen vorliest und die Menschen in den Neun

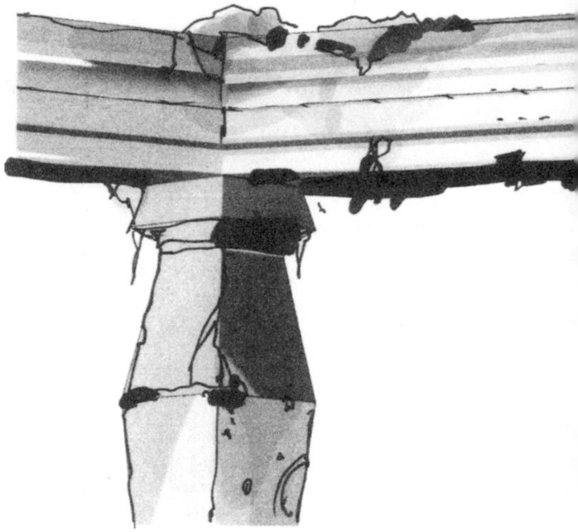

Celestine Prophecy
the Movie

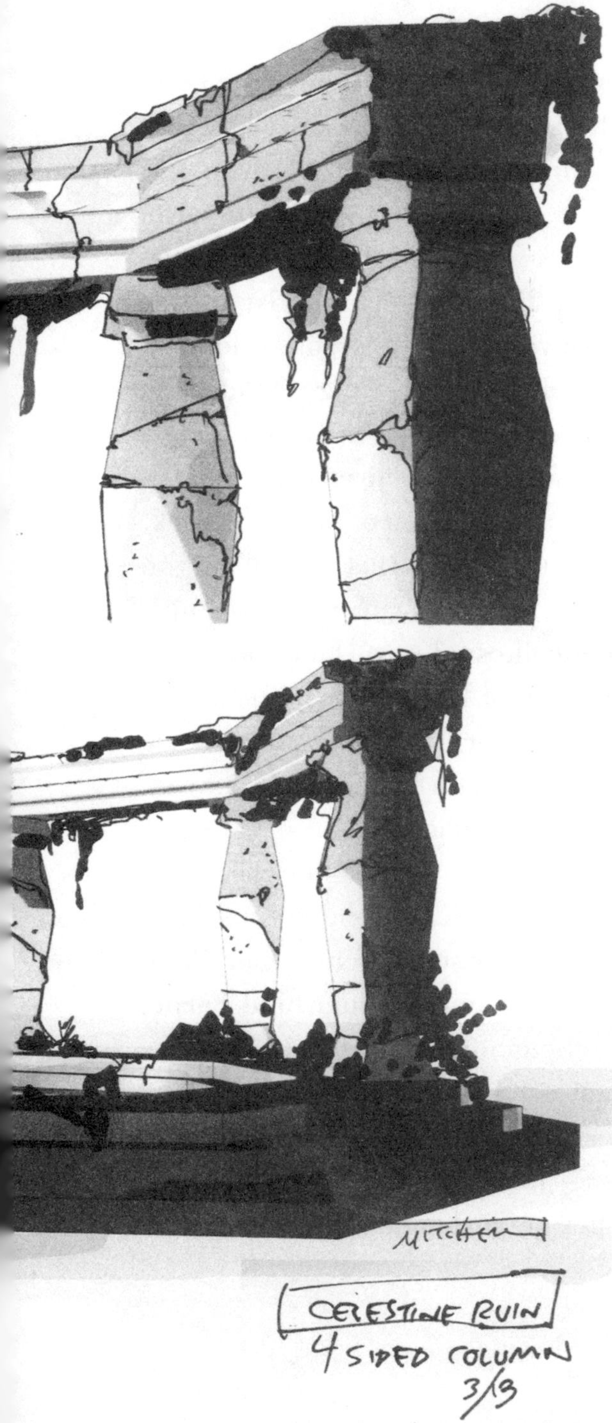
MITCHELL
CELESTINE RUIN
4 SIDED COLUMN
3/13

Erkenntnissen unterweist. Unter den versammelten Bauern sieht man die Hauptdarsteller Matthew, Thomas, Annabeth und Sarah Wayne, die später in der Neuzeit als Sucher nach den verloren gegangenen Erkenntnissen wieder inkarnieren werden. Auch Jürgen Prochnow ist in der Action-Sequenz anwesen und missgönnt den spirituellen Suchern ihre Erleuchtung. Handelt es sich um Erfahrungen aus früheren Leben, deren Zeugen wir hier werden? Kehren die wahren Sucher in immer neuen Inkarnationen zurück, solange bis die Neun Erkenntnisse endlich von der Menschheit verstanden wurden? Als Publikum entdecken wir die späteren Hauptdarsteller hinter ihren Bärten und historischen Kostümen. Im weiteren Verlauf der Handlung werden sie sich in der Jetztzeit auf die Suche nach der vergrabenen Prophezeiung machen.

Vorbei an einem wie ein fensterloser Wolkenkratzer aufragenden Kalksteinfelsen schlängelt sich im Wald ein frisch geschlagener Pfad. Links und rechts sieht man Palmen und Farne, Wachsmyrte, Eschenahorn und Hackberry. Wie Schlangen winden sich fünf schwarze Kabel neben dem Pfad durchs Dickicht zu einer Film-Szenerie, wo zwei Männer – John und Vater Sanchez – beschließen, in einer gefährlichen Umgebung ganz auf ihre Intuition zu vertrauen. Fast dreißig Leute von der Filmcrew mit Kameras und Scheinwerfern haben sich den Schauspielern gegenüber am Ende des Dschungelpfades aufgebaut. Etwa hundert Meter entfernt sitzt ein Produktionsassistent einsam auf einem Stein neben dem Pfad. Er hat einen Kopfhörer aufgesetzt und lauscht auf die Anweisungen des Regieassistenten. Plötzlich hebt der Mann den Kopf und schreit über den leeren Pfad: »Ruhe, bitte! Aufnahme!«

Die Siebte Erkenntnis

Wenn wir unsere persönliche Lebensaufgabe erkannt haben, nehmen die geheimnisvollen Fügungen in unserem Leben zu, durch die wir zu unserer Bestimmung hingeleitet werden. Zuerst haben wir eine Frage, daraufhin führen uns Träume, Tagträume und Eingebungen zu den Antworten, die wir meistens auf synchronistische Weise von anderen Menschen erhalten.

Haben wir einmal die «Wahrheit» entdeckt, die wir in die Welt tragen sollen, die Botschaft darüber, worauf es im Leben ankommt, dann entfalten sich die geheimnisvollen Fügungen, die Synchronismen, in unserem Leben in großem Maß. Bei manchen von uns wird die Entdeckung ihrer persönlichen Bestimmung dazu führen, dass sie den Beruf wechseln. Andere werden erkennen, dass sie dort, wo sie sich gerade befinden, ihre persönliche Wahrheit am besten leben können. Wieder andere werden ihre Wahrheit nicht im Beruf verwirklichen, sondern in ihrer Freizeit. Doch auf welcher

Bühne wir uns auch befinden mögen, immer werden wir erkennen, dass der Synchronismus in unserem Leben in klarem Bezug zu unserer Lebensaufgabe steht.

Wir sehen nun deutlicher, wie die geheimnisvollen Fügungen sich ereignen. Es beginnt mit einer Eingebung, einer Vorahnung, einem geistigen Bild, das uns bedeutsam erscheint, einer Idee für neue Aktivitäten und Projekte. Manchmal sind wir nicht in der Lage, das Gesamtbild zu erkennen. Doch wenn wir unserer Eingebung folgen, kommt es zu weiteren Ereignissen, die uns wie vorherbestimmt erscheinen, und wir sehen, warum wir intuitiv in eine ganz bestimmte Richtung geführt wurden. Jeder Erfahrung führt natürlich wiederum zu neuen Eingebungen. Uns wird enthüllt, wohin wir gehen müssen, um unsere Wahrheit anderen mitzuteilen, welche Gruppen unser Wissen benötigen und welche Form der Kommunikation jeweils die geeignetste ist.

Die Flucht aus dem Dschungel-Gefängnis

Es scheint, dass John auf der Suche nach den Neun Erkenntnissen in einen Kampf auf Leben und Tod hineingeraten ist. Der grimmige Weise, der im Hinblick auf das moderne Leben meinte, dass es dort draußen »zugeht wie im Dschungel«, traf damit den Nagel auf den Kopf, aber die Gefahren im echten Dschungel sind im Film gleichfalls Symbole für das emotionale Chaos, das jede spirituell unerfüllte Existenz überschattet.

Wir alle müssen viele Hindernisse überwinden, um zu Erkenntnissen zu gelangen, die unser Weltbild und unsere Lebensumstände tief greifend verändern.

Tief im Film-Dschungel gibt es ein primitives Gefangenenlager, wo John und Marjorie festgehalten werden. John erkennt den Ort und ihre Situation wieder. Er hat das alles im Traum gesehen. Mit Hilfe seiner Intuition überwindet er seine Angst und passt den richtigen Augenblick für ihre Flucht ab. Er und Majorie nutzen die sich bietende Chance und sind wieder frei.

Die Fünfte Erkenntnis.

Unsicherheit und Gewalt enden, sobald wir eine innere Verbindung mit der göttlichen Energie spüren, eine Verbindung, wie sie von den Mystikern aller Traditionen beschrieben wurde. Leichtigkeit, Lebensfreude und ein beständiges Gefühl der Liebe sind Anzeichen für diese Verbindung. An ihnen kann man erkenne, dass es sich um eine wirkliche spirituelle Verbindung handelt und nicht bloß um eine Eingbildete.

In der Hütte

In Miguels einsamer Hütte (gedreht wurde die Szene in Washington Oaks) treffen sich die Sucher, um die Schriftrollen zu studieren und ihre persönliche Beziehung zueinander besser zu verstehen. Unterdessen hat Wil eine mysteriöse Begegnung mit dem »kleinen Mädchen«, das den Suchern immer wieder im Traum erscheint. Als John, Marjorie, Vater Sanchez und Julia die Hütte verlassen, erscheint das »kleine Mädchen« ihnen allen in Fleisch und Blut, und so wird Julias Sehnsucht nach dem Kind endlich gestillt. Im Prolog des Films sahen die Zuschauer, dass Julia und das Kind in einem früheren Leben Mutter und Tochter waren.

Marjorie:
«Wenn Paare einander zum erstenmal begegnen, ist das ein wunderbares Gefühl. Aber diese Empfindungen sind fast nie von Dauer. Einer der bei-

den wird unsicher und fängt an, den anderen zu kontrollieren, will mehr von dessen Energie. Dann fühlt der andere Partner sich erschöpft und widersetzt sich. Es entsteht ein Machtkampf. So etwas passiert immer wieder.«

John:
«Aber es muss nicht so sein, nicht wahr?«

Marjorie:
«Nein, das muss es nicht. Wenn beide ihre eigene innere Verbindung zur Lebensenergie aufrechterhalten... dann *führt* immer derjenige der beiden, der jeweils gerade die beste Intuition und die besten Ideen hat. Es gibt keinen Wettstreit. Beide teilen sich die Kontrolle über ihr Leben. Eine solche Beziehung wünsche ich mir.«

Die Achte Erkenntnis

Statt den anderen Menschen ihre Energie zu stehlen, gibt man selbst freiwillig Energie. Und zwar jederzeit, ohne Vorbedingung.

Energie zu geben ist etwas sehr Gutes. Geben wir unsere Energie dann auch noch einem Menschen, der uns seinerseits freiwillig Energie zurückgibt, dann steigt unser beider Energieniveau an. Wir stärken uns gegenseitig.

Dschungel-Atmosphäre

Dort, wo die Steinbrucharbeiter einst tiefe Schluchten in den Kalkstein gruben, spreizen sich von Bäumen überschattete staubige Pfade wie Finger. An einem heißen Tag sind diese durch das Blätterdach vor der Sonne geschützten Wege angenehm kühl. Vogelstimmen schallen durch den Wald, und das Arbeitsgeräusch des Diesel-generators, der den Filmleuten den nötigen Strom liefert, ist nur leise in weiter Ferne zu hören. Ab und zu ertönt zwischen den Schleiern aus grünem Laub ein Lachen oder ein Ruf wie die Schlusszeilen eines vor Leben pulsierenden Gedichts. In der Stille dazwischen posiert eine mutige Eidechse auf einer Liane, und eine lange, schwarze Schlange wird Zeugin des phantastischen Treibens zwischen den kunstvoll errichteten Dschungel-Kulissen. Doch in dieser Stille aus Grün und Weiß, angesichts des Goldglanzes der Nachmittagssonne auf den Baumstämmen und Steinen sind alle menschlichen Unternehmungen vergänglich. Schon bald wir hier zwischen den stummen Felsen nichts mehr an die Dreharbeiten erinnern.

Auf dem Weg zu den Ruinen

In *Die Prophezeiungen von Celestine* gibt es einen Moment, wo John in Todesangst panisch davonrennt... Das ist der Moment, als sein Verstand aufgibt. Sein Ego begreift, dass es niemals die Kontrolle über sein Leben hatte. In diesem Augenblick hat John die Chance, zu verstehen. In der Stille, fernab von aller sozialen Konditionierung, von den äußeren Umständen getrieben, wird Johns innere göttliche Verbindung für ihn erlebbar. Sein innerer spiritueller Kanal ist wieder geöffnet. Für John erfüllt sich der alte Spruch, dass der Lehrer erscheint, sobald der Schüler bereit ist. Johns verblüffendes Erlebnis wird ihm von Sanchez bestätigt und näher erläutert.

«Du hast dich innerlich geöffnet. Du bist verwandelt«, sagt Sanchez zu John.

Johns Transformation erlaubt ihm einen Blick in die Zukunft. Auch verhilft sie ihm zu der Einsicht, dass alles, was in seinem Leben bis zu diesem Moment geschehen ist, dazu diente, ihn auf die Neun Erkenntnisse von *Celestine* vorzubereiten. Aber John ist noch nicht völlig bereit dafür, die Erkenntnisse zu empfangen. Sanchez verweist ihn auf die Siebte Erkenntnis – die Notwendigkeit, die eigene innere Führung, die innere Stimme der Intuition zu entdecken.

«Wenn du achtsam bleibst«, erklärt ihm Sanchez, »wirst du bemerken, wie bestimmte Ideen und Bilder in deinem Geist auftauchen. Sie sind da, um dir als innere Wegweiser zu dienen. Folge ihnen, dann wird die Zahl der synchronistischen Fügungen in deinem Leben zunehmen. Der Energiefluss wird für dich spürbar, erlebbar. Du selbst wirst ein Teil dieses Flusses.«

John wird noch an viele Weggabelungen kommen, real und im übertragenen Sinne, und er muss lernen, auf seine Intuition zu vertrauen, um im Energiefluss zu bleiben. Er muss sich der erweiterten Realität bewusst werden, die ihm zur rechten Zeit den Weg weist, der ihn zur Erfüllung seiner höchsten Bestimmung führt.

Johns Bestimmung steht in synchronistischer Beziehung zu den Schicksalen von Marjorie, Sanchez, Wil, Julia und sogar des destruktiven Jensen. Und diese schicksalhafte Verbindung treibt sie alle immer näher zu den *Celestine*-Ruinen und der machtvollen Botschaft der Schriftrollen.

Einerseits können wir die Suche nach den *Celestine*-Erkenntnissen einfach als ein spannendes Action-Abenteuer betrachten, das uns fesselnd zu unterhalten vermag. Auf einer höheren Schwingungs-Ebene jedoch sprechen die allegorischen Elemente der Handlung unser Unterbewusstes an und werfen Fragen auf, die jeder von uns früher oder später selbst beantworten muss, nachdem er das Kino wieder verlassen hat oder spätestens, wenn er sich einer scheinbaren Lebenskrise gegenübersieht. In dieser Hinsicht sind wir alle eng mit der Figur des John Woodson verbunden.

Die Bus-Explosion

Schauspieler und Crew hatten alles vorbereitet für einen der pyrotechnischen Höhepunkte des Films – die Explosion des Busses »El Corazon de Perú«. Drei Tage lang hatte man mit den Hauptdarstellern und circa fünfzig Statisten und Stuntmen alle nötigen Szenen in und um den Bus gedreht – wie er zunächst von Rebellen angehalten und dann von einem Konvoi schwer bewaffneter peruanischer Soldaten angegriffen wird. Der große, altertümliche Reisebus war rot, rosa und grün lackiert und dann mit Sternen, Herzen und Blumenmustern bemalt worden. Die sechs Stationen seiner Fahrtroute über abgelegene Gebirgsstraßen waren mit der Hand an die Seitenwände oberhalb der Fenster gemalt worden. Ein Gepäckträger auf dem Dach beherbergte Kisten mit Marktwaren, Decken und verbeulte Koffer. Melonen, Kohl, Mais und zwei Kisten mit lebenden Hühnern (die während der

Dreharbeiten fleißig Eier legten) komplettierten das Dekor.

Am Tag vor der Explosion hatte man gefilmt, wie ein Soldat mit einer Bazooka auf den Bus feuerte. Nun sollte das Resultat gedreht werden.

Der Special-Effect-Koordinator Joe Digaetano und seine drei für die Spezialeffekte (im amerikanischen Filmjargon kurz SFX genannt) zuständigen Techniker versahen mit unerschütterlichen Pokerfaces den Bus mit verkabelten Sprengladungen und Benzinkanistern. Niemand anderes durfte sich nun noch in der Nähe des bunt bemalten Gefährts aufhalten. Die joviale Fröhlichkeit am Set wich einer angespannten Atmosphäre. Alle zogen sich in die Sicherheitszone zurück und standen dort in kleinen Gruppen herum. Zwei mutige Stuntmen jedoch mussten sich so nahe an den Bus heranwagen, dass sie mit dem Feuerball im Hintergrund davon springen konnten, um so den Eindruck zu erwecken, es handele sich um zwei Körper, die durch die Explosion weggeschleudert werden.

Alle Kameras waren auf den Bus gerichtet, und als zusätzliche Sicherheitsmaßnahme standen ein Krankenwagen und ein Löschfahrzeug der Feuerwehr bereit. Nach mehreren Warnrufen – »Achtung! Sprengung!« – begann der

Countdown. Viele Leute trugen die zuvor verteilten Ohrenschützer. Die Explosion erwies sich als wahrhaft fürchterlich – viel heftiger, als allgemein erwartet. Der Feuerball loderte bis über die höchsten Klippen hinauf, und die Druckwelle ließ die Bäume im Canyon erzittern. Aus der gelben Flammenwand schoss, zum Entsetzen der Umstehenden, die Motorhaube des Busses hervor wie ein feuriger Komet und landete krachend im Wald. Schauspieler und Crew verharrten, bis der Ruf »Schnitt!« ertönte, dann erhob sich lauter Applaus und Beifallrufe.

Die Feuerwehrleute rückten vor, um die Flammen zu löschen, und schließlich wurde signalisiert, dass die Gefahr vorüber war. Nun konnten alle den zerstörten Bus in Augenschein nehmen und jenen gratulieren, die diese dramatischen Effekte erzeugt hatten. Filmemachen kann oft ziemlich zäh und langweilig sein, aber jedesmal wenn Special Effects auf dem Programm stehen, schnellt bei allen am Drehort der Puls in die Höhe.

John findet Marjorie
im Dschungelgefängnis

Machtkampf am Scheideweg

Die Sucher treffen sich, um die Schriftrollen zu studieren

Will begegnet dem kleinen Mädchen

In einem frühren Leben waren Julia und das kleine Mädchen Mutter und Tochter

Julia erkennt vor der Hütte das kleine Mädchen

John trifft Sanchez auf dem Weg zu den Ruinen

Allein unterwegs erfährt John Einsichten

Rebellen halten den Bus an und
peruanische Soldaten sprengen ihn in die Luft

Szenen aus
früheren Leben

Majorie und Vater Sanchez teilen mit John
die Erleuchtungs-Erfahrung

Die Erscheinung der Engelwesen

Julia und das kleine Mädchen werden von den Soldaten bedrängt

Wieder Gefangene der Welt

Der Kardinal setzt sich für die Gefangenen ein und verhindert ihre Tötung

Szenen aus früheren Leben

Im Prolog des Films sieht man eine kleine, ländliche Kirche etwa um das Jahr 1622. Diese Kirche wurde neben den lange verlassenen Ruinen eines Tempels erbaut. Wir werden Zeugen eines brutalen Überfalls berittener spanischer Conquistadors auf die Gottesdienstbesucher, und die Kirche wird angezündet. Aus dem nebenan gelegenen See ragen zwischen Wasserlilien antike Säulen auf, die geradewegs aus Atlantis zu stammen scheinen. Dadurch wird die an Uraltes gemahnende Atmosphäre der Szenerie zusätzlich unterstrichen.

Nachdem die Szenen aus der Vergangenheit abgedreht waren, mussten die Ruinen des Tempels und der teilweise zerstörten Kirche mit zusätzlichen Verwitterungsspuren versehen und

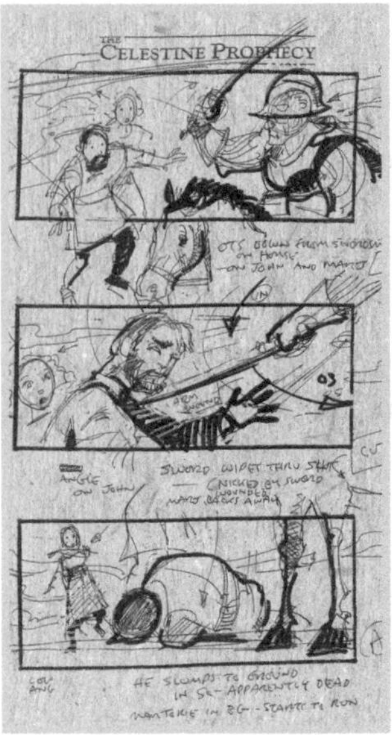

auch die Veränderungen der Landschaft im Verlauf von fast fünfhundert Jahren sichtbar gemacht werden, um die Kulissen für die in der Gegenwart spielende Filmhandlung vorzubereiten.

Auf der Suche nach der Neunten Erkenntnis schließt sich der Kreis, als John und seine Gefährten auf die im peruanischen Regenwald verborgenen Ruinen stoßen.

Für John kommt es hier zum ultimativen Déjà-vu-Erlebnis, als der einstige Angriff der Conquistadors auf die Celestine-Schriftrollen, den er in seinen Träumen gesehen hat, nun von modernen Soldaten wiederholt wird. Das ist der Moment der Wahrheit und seine schwerste Prüfung, bei der er unter Beweis stellen muss, wie weit er in spiritueller Hinsicht gereift ist und ob diese spirituellen Erkenntnisse ihm ausreichend Mut verleihen.

Die Neunte Erkenntnis

Während wir alle der Erfüllung unserer jeweiligen spirituellen Aufgabe entgegenstreben, wird es zu einer zunehmenden Automatisierung der für unser Überleben notwendigen Technologie kommen, damit wir uns ganz auf unser synchronistisches Wachstum konzentrieren können. Dieses Wachstum wird die Menschheit in immer höher energetische Stadien befördern, bis unsere Körper schließlich eine rein spirituelle Form annehmen. Dann wird sich die jetzige Dimension unserer Existenz mit der jenseitigen Dimension verbinden, wodurch der Kreislauf von Geburt und Tod beendet sein wird.

Wenn wir alle lernen, dauerhaft mit der göttlichen Energie in uns in Verbindung zu bleiben und aktiv der jeweiligen spirituellen Lebensaufgabe zu folgen, wird sich die menschliche Kultur dadurch tief greifend verändern. In der Neunten Erkenntnis geht es um das Verstehen unserer weiteren kul-

turellen Entwicklung. Mit wachsendem Bewusstsein werden wir die weit gehende Automatisierung der Bedarfsgüterproduktion als große Erleichterung empfinden, da sie es uns ermöglicht, uns ganz auf unsere individuelle spirituelle Bestimmung zu konzentrieren. Aufmerksam auf unsere Intuition achtend, werden wir lernen, zur rechten Zeit am rechten Ort zu sein, um unsere einzigartige persönliche Wahrheit mit anderen Menschen teilen zu können. Jene, die uns mit synchronistischen Informationen versorgen, werden wir dafür angemessen entlohnen. Wenn die erwähnte Automatisierung abgeschlossen ist, wird der «spirituelle» Prozess des Gebens zur dominierenden Struktur des wirtschaftlichen Lebens werden.

In unserem Leben wird die persönliche Evolution im Vordergrund stehen, die von synchronistischen Interaktionen mit anderen Menschen begleitet wird. Indem wir durch diese «interpersonelle Ethik» ein immer höheres Energieniveau erreichen, wird die Schwingungsfrequenz unserer

Körper sich ständig steigern, bis wir uns hier, auf dem Planeten Erde, zu vollkommen spirituellen Wesen entwickelt haben. Dann werden wir gleichzeitig in der physischen Dimension und in der Dimension des Jenseits existieren. Auf diese Weise vereinen sich die beiden Dimensionen, wodurch der Kreislauf von Geburt und Tod endet.

Die Entscheidung

Während des gesamten Films steht die Figur des Jensen – von Jürgen Prochnow exzellent dargestellt – für die materialistische Sichtweise, wonach weltliche Macht, nicht göttliche Spiritualität, die Grundlage unserer Wirklichkeit ist. Bei ihrer ersten Begegnung versucht Jensen, John unter seine Kontrolle zu bekommen, indem er ihm Angst macht und ihm dann anbietet, ihn sicher aus der Gefahrenzone der Revolutionsunruhen herauszubringen. Als dieses Sicherheits-Versprechen nicht fruchtet, verlegt sich Jensen auf eine andere Strategie: Er versucht, John und alle anderen *Celestine*-Sucher solange einzusperren, bis es ihm gelungen ist, das Ziel ihrer Suche ausfindig zu machen und zu zerstören – die Schriftrollen mit den Erkenntnissen und die alten Ruinen, wo sie verborgen wurden.

Jensen bringt seine Weltsicht auf den Punkt, als er zu John sagt: »Ihr Amerikaner! Ihr seid so naiv. Ihr glaubt, dass es irgendeine spirituelle Macht gibt, die diese Welt lenkt. Doch so etwas existiert nicht. Es gibt nur uns Menschen. Und diejenigen von uns, die das wissen, werden immer die Kontrolle ausüben. Das ist die einzige Macht, die in dieser Welt zählt!«

Doch Jensen überlebt seine eigenen bösen Absichten nicht. Als er versucht, John mit einem Messer zu töten, geht etwas mit der Zündung der Sprengladungen schief. John kann sich retten, indem er in einen ausgetrockneten Brunnen springt, ganz so, wie er es zuvor im Traum gesehen hat. Jensen, der nicht über diese intuitive Schau verfügt, kommt bei der Explosion um.

Der Archetyp des Jensen ist in der gesamten Menschheitsgeschichte am Werk. James Redfield erinnert Leser und Kinopublikum daran, dass die Menschheit ihren zentralen Fehler ständig wiederholt, indem sie sich Jensens Weltsicht zu Eigen macht, statt nach spiritueller Entwicklung zu streben. Im Prolog des Films, dessen Bilder immer wieder in Johns Träumen auftauchen, sehen wir deutlich das Muttermal auf dem Arm des spanischen Conquistadors, das später auf Jensens Arm wieder erscheint. Dieses Mal ist ein Symbol dafür, dass sich in den letzten Jahrhunderten der menschliche Überlebenskampf nur wenig geändert hat. Doch was John inzwischen durch die Anwendung der Neun Erkenntnisse gelernt hat, bewahrt ihn vor der drohenden Gefahr und versetzt ihn in die Lage, im explosiven Höhepunkt des Films Jensens Mordplänen zu entkommen.

Am Ende des Films müssen John, Marjorie, Julia, das kleine Mädchen und Vater Sanchez mit ansehen, wie General Martinez die *Celestine*-Ruinen auf spektakuläre Weise zerstören lässt. Die riesigen Ruinen, ein Jahrtausende altes Menschheitserbe, versinken in Schutt und Asche. Kardinal Sebastian bekommt Mitleid mit den spirituellen Revolutionären und bittet General Martinez, ihre Leben zu schonen. »Diese Leute können Ihnen jetzt nicht mehr schaden. Niemand wird ihnen glauben. Dafür werde ich sorgen. Lassen Sie sie leben. Die Originale der Schriftrollen sind zerstört. Der Dschungel wird die Reste der Ruinen unter sich begraben. Nichts wird von dieser Prophezeiung übrig bleiben. Es ist vorbei.«

In der materiellen Welt scheint für unsere Sucher alles verloren. Doch was ist mit der Wahrheit, die sie in ihren Herzen tragen?

Vater Sanchez tröstet John über den Verlust der Schriftrollen hinweg. »Sie sind nicht wirklich wichtig«, sagt er. »Wir haben jetzt verstanden, was es mit der Neunten Erkenntnis auf sich hat. Wir wissen, was wir im Leben erreichen können, wenn wir auf unsere Intuition vertrauen und uns von den synchronistischen Fügungen leiten lassen. Dieses Wissen wird die Welt verändern.«

Im kollektiven Erleben des Kinopublikums hat es den Anschein, als habe uns diese Welt in ihrer Verdorbenheit nichts als Konflikte und Leid zu bieten. Und doch wohnt von nun an in jedem Individuum die wunderbare Kraft der Neun Erkenntnisse. Werden diese Erkenntnisse praktisch angewandt, ist das Resultat eine neue, transformierte persönliche Sichtweise, die schließlich, wenn immer mehr Menschen sich diese Sichtweise zu Eigen machen, ein neues, positives Weltbild hervorbringen wird.

Die Zukunft vorstellen

Letztendlich liegt die Entscheidung bei uns, welche Zukunft wir als Menschheit erschaffen. Wir können offen sein für die uns innewohnende Spiritualität und Lebenssinn darin finden uns selbst und unser wahres Potenzial zu entdecken. Oder wir können uns in einer Vision der Angst einkapseln.

Wissenschaftler warnen uns, dass die menschliche Zivilisation nicht ihren bisherigen, unerleuchteten Kurs fortsetzen darf, da unsere Lebensgewohnheiten zu Überbevölkerung, zur Zerstörung der natürlichen Ökosysteme, zur Vergiftung unserer Körper und einer Destabilisierung des globalen Klimas führen. Neue Forschungen sagen einen Zyklus von schweren Erdbeben und erhöhte vulkanische Aktivität voraus. Gleichzeitig provozieren wirtschaftliche Turbulenzen und die Finanznot vieler Staatshaushalte eine Zunahme von Gewalt, Kriminalität und Entfremdung.

Doch zugleich erkennt eine wachsende Anzahl von Menschen, dass es eine spirituelle Alternative zu diesen düsteren, mit dem Schlimmsten rechnenden Prognosen gibt. In gewisser Weise findet eine dramatische Polarisierung der Meinungen statt, und die sich daraus ergebende Frage ist offensichtlich: Werden wir resignieren, uns ganz dem apokalyptischen Zukunftsszenario unterwerfen und uns immer weiter in ein kurzfristiges eigennütziges Denken flüchten? Oder werden wir uns bewusst öffnen und Mitschöpfer einer Zukunft der Liebe und spirituellen Bestimmung sein?

Ich habe das Gefühl, dass wir uns jener Grenze nähern, an der wir den Sprung ins Unbekannte wagen müssen, und dass die Helden für dieses Abenteuer alle einsatzbereit sind.

Der Höhepunkt an den Ruinen

Während des ganzen Films entwickelt John nach und nach eine Art intuitiven inneren Kompass. Jede einzelne der Neun Erkenntnisse führt ihn ein Stück weiter in die richtige Richtung, und nun, mit dem Ziel, die Neunte Erkenntnis zu finden, gelangt John zu den *Celestine*-Ruinen und dem Höhepunkt der Geschichte.

James Redfield glaubt, dass Johns Ziel – unser aller Ziel – sowohl spirituell wie evolutionär ist und dass die Menschheit auf dem Weg zu einem höheren Bewusstsein ist, in eine neue Dimension der Alltagsrealität.

Am Höhepunkt des Films begreift John die Neunte Erkenntnis, als er die höhere Energie-

THE CELES
THE CELESTINE PROPHECY
Sc 114
JOHN
SANCHEZ
CHURCH
CAM
EXT CELESTINE RUINS DAY
WIDE ON JOHN AND SANCHEZ
CAM LEADS THEM INTO RUINS
DOLLY BACK
JOHN'S POV
WIDE ON RUINS & LAKE
PAN SC
CAM FOLLOWS
JOHN
SANCHEZ
SANCHEZ JESTURES TO ALTAR OS

Sc 117

NDS of ANGELIC BEINGS APPEAR
HE RUINS AND ACROSS THE LAKE BEYOND-
NGLY INTO INFINITY AS JOHN, WIL, MARJORIE AND JOSE LOOK ON
NSE DISTANT LIGHT RADIATES FROM DISTANT
TER SCREEN.

WIDE ON SCENE
- THOUSANDS OF
FROM THE RUINS
SEEMINGLY IN
- INTENSE DIS-
CENTER SCR

NGELIC BEINGS APPEAR
ND ACROSS THE LAKE BEYOND-
INFINITY AS JOHN, WIL, MARJORIE AND JOSE LOOK ON-
NT LIGHT RADIATES FROM DISTANT
N-

SC 118
SOUTH RUINS

WIDE ANGLE ON SOUTH
ETHERIAL BEING

JOHN (OC): THEY

NS-

APPEAR- EMERGING FROM RUINS

* GLOW FROM OS ←

ALL HELPING..

schwingung einer Bewusstseins-Evolution erfährt. In diesem Moment wird er für die peruanischen Soldaten, die ihn verfolgen, unsichtbar. In diesen dramatischen Augenblicken sieht das Publikum, wie John die Neunte Erkenntnis erlangt. Auch Marjorie und Vater Sanchez teilen diese Erleuchtungs-Erfahrung.

Dann erscheinen Wil, Vater José und eine Gruppe engelhafter Wesen, die die Synchronizität im Leben unserer Sucher orchestriert haben. Sie kommen aus dem Licht und begegnen den Gefährten in der heiligen Dimension. Doch diese gesegnete Erfahrung ist nur von kurzer Dauer.

John, Marjorie und Vater Sanchez hören plötzlich die verzweifelten Schreie Julias und des kleinen Mädchens, die von den unbarmherzigen Soldaten bedrängt werden. Als sie die Grausamkeit der Soldaten sehen, lassen Marjorie und John es zu, dass Angst und Wut sich ihrer bemächtigen und senken dadurch ihr Energielevel. Dadurch werden sie für die Soldaten wieder sichtbar. Sogar Vater Sanchez reagiert auf die augenscheinliche Gefahr und wird dadurch wieder zu einem Gefangenen der Welt.

Diese Szene ist eine perfekte Allegorie für die Situation des Menschen und seine Erfahrungen mit höheren Bewusstseinszuständen und den großen Geheimnissen der Metaphysik. Es gibt in unserem Leben immer wieder Momente großer Erkenntnis, die bewirken, dass wir von einem Gefühl des Segens durchströmt und in eine spirituelle Dimension versetzt werden. Wenn wir dann aber zulassen, dass Angst und die daraus resultierende Wut uns entmutigen, fallen wir wieder in unseren vorherigen Bewusstseinszustand zurück und die spirituelle Öffnung unseres Geistes ist nicht von Dauer. Die Paradoxie des spirituellen Lebens wird hier deutlich: Wie können wir in dieser Welt leben, ohne von dieser Welt zu sein, beziehungsweise uns mit ihr zu identifizieren? Wie können wir auf der Ebene der Ursachen leben, statt zu Opfern der Wirkungen zu werden?

John, unser Protagonist, hat wirklich das Licht gesehen. Aber wird es ihm nun gelingen, dieses neue Wissen anzuwenden, sein neues Energie-Niveau aufrechterhalten und seine Reise hin zur Erfüllung seiner Bestimmung fortzusetzen – vielleicht geradewegs zur Zehnten Erkenntnis?

In der letzten Szene des Films sehen wir John aus dem Hauptquartier der peruanischen Polizei kommen. Vater Sanchez versichert ihm, dass alle *Celestine*-Sucher das Abenteuer überlebt haben. Auf dem Rückflug nach Hause empfängt John eine synchronistische Botschaft, dass es tatsächlich noch eine Zehnte Erkenntnis gibt.

Das Abenteuer des Lebens geht weiter.

Wenn wir unserer inneren Führung vertrauen, sind wir Teil der Evolution der Welt. Diese Evolution führt uns zu einem Himmel, der bereits existiert. Wenn wir das wissen, kennen wir unser Schicksal.

Der Himmel wird uns gezeigt. Er ist nicht irgendwo anders. Er ist genau hier und jetzt.

Die Evolution wollte uns immer schon dorthin führen. Das ist die Neunte Erkenntnis.

The Celestine Prophecy: The Movie

A Celestine Films and Barnet Bain Production
In Association with the Kingston Companies

The Celestine Prophecy

Matthew Settle
Thomas Kretschmann
Sarah Wayne Callies
Annabeth Gish
Obba Babatunde
Robyn Cohen
John Aylward
Castulo Guerra
with Hector Elizondo
With Joaquim De Almeida
and Jürgen Prochnow as Jensen
Casting Director: Andrea Stone, C.S.A.
Production Designer: James L. Schoppe
Original Music: Nuno Malo
Film Editing: Maysie Hoy, A.C.E. and Scott Vickrey, A.C.E.
Director of Photography: R. Michael Givens
Executive Producer: Salle Merrill Redfield
Producers: Barnet Bain, Terry Collis, James Redfield and Beverly Camhe
Based on the novel by James Redfield
Screenplay by James Redfield and Barnet Bain
Directed by Armand Mastroianni

Impressum

Alle Photos von Jon Farmer
mit Ausnahme der Photos folgender Seiten:
Seite 35: Helikopter,Barnet und Armand – Salle Redfield
Seite 39: Kleines Mädchen mit Papagei – Patricia Joynes
Seite 114: Filmdekoration – Jim Schoppe
Seite 200/203: Drehorte – Patricia Joynes
Standphotos von Michael Givens

Allegria ist ein Verlag der Ullstein Buchverlage GmbH
Herausgeber: Michael Görden

ISBN-13: 978-3-7934-2026-2
ISBN-10: 3-7934-2026-4

Published by Arrangement with Agentur Schlück, Garbsen and
Hampton Road Publishing Company, Inc, Charlottsville, USA
Umschlaggestaltung: FranklDesign, München
Gesetzt aus der Basilia
Satz: Keller & Keller GbR
Druck und Bindearbeiten: Clausen & Bosse, Leck
Printed in Germany

James Redfield

Tief in den Regenwäldern Perus ist eine Handschrift gefunden worden. Auf ihren Seiten sind neun Einsichten in das Wesen des Lebens niedergelegt, Einsichten, zu denen nach und nach jeder Mensch auf dem Weg zu einer spirituellen Kultur gelangen wird.

Das Geheimnis von Shambhala
Das dritte Buch von Celestine
352 Seiten
€ [D] 8,95/€ [A] 9,20/sFr 16,50
ISBN-13: 978-3-548-74118-5
ISBN-10: 3-548-74118-5

Die Vision von Celestine
Geheimnis und Hintergrund der Prophezeiungen
320 Seiten
€ [D] 8,95/€ [A] 9,20/sFr 16,50
ISBN-13: 978-3-548-74120-8
ISBN-10: 3-548-74120-7

Die Erkenntnisse von Celestine
Das Handbuch zur Arbeit mit den »Neun Erkenntnissen«
320 Seiten
€ [D] 9,95/€ [A] 10,30/sFr 18,00
ISBN-13: 978-3-548-74116-1
ISBN-10: 3-548-74116-9

Das Handbuch der zehnten Prophezeiung von Celestine
Vom alltäglichen Umgang mit der zehnten Erkenntnis
384 Seiten
€ [D] 10,95/E [A] 11,30/sFr 19,80
ISBN-13: 978-3-548-74117-8
ISBN-10: 3-548-74117-7

Die Prophezeiungen von Celestine
Ein Abenteuer
368 Seiten
€ [D] 8,95/€ [A] 9,20
sFr 16,50
ISBN-13: 978-3-548-74119-2
ISBN-10: 3-548-74119-3

ULLSTEIN